ピュア禅

悟りについてよくわかる
中国禅僧列伝

猪崎直道 著

ナチュラルスピリット

はじめに

皆さんが本屋に行って、禅のことを知りたいと思い、棚を見渡したとします。以前に比べて、禅に関する本は少なくなったとはいえ、結構な数の禅の本が並んでいます。その中の二、三冊を手に取って立ち読みをします。すると、難しい漢字ばかりで読み方もわからないし、書いてある思想も、私たちの生活から遊離している内容だし、禅問答を読んでみれば、まったくちんぷんかんぷんだし……。そして、結局は「や〜めた」ということになってしまうのではないでしょうか。

私は以上のような話を、友人や周囲の人々から数多く聞きました。私は今まで約三十五年間、九人の師につき、坐禅修行を実践し、大学の仏教学部や大学院で禅を専門的に学びました。こういう私であるからこそ、本当の禅や本当の仏教を、皆さんにわかって頂きたいという思いは人一倍強くあります。

私は、禅や仏教の本当に言いたかったことを、中国の禅師たちの言葉を借りて引き出し、私自身の坐禅の体験を加えることによって、よりわかりやすく明らかにしました。

禅や仏教の本旨は、皆さんが普段見聞きして、こうだと思っているものとは随分違っていると思います。私が寺院の住職をしている時に「住職さん、仏教とは先祖供養することでしょう」「禅とは精神統一をして、いつも平常心でいられる心を作り上げることでしょう」と言う信者さんがほとんどでした。私は禅や仏教が、これほどにも世の中の人々に誤解されているのかと思い、本当に驚きました。

そういう時に、ある仏教雑誌の編集者から、仏教に関して何か書いてくれないかと依頼がありました。そこで、これは世の人々に禅や仏教を正しく知ってもらうよい機会だと思った私は、その依頼を快く引き受けました。そして、三年間にわたり『わかりやすい中国禅高僧伝』というタイトルで連載しました。

その連載では、私の宗教体験や霊的体験を加えての説明が十分ではなかったので、今回は私の体験を数多く取り入れ、よりわかりやすく書き直し、一冊の本に仕上げました。

仏教は、インドでお釈迦様（釈尊）が始め、その後中国へ伝わりました。中国の仏教には、禅宗、浄土宗、天台宗、華厳宗などがあります。禅宗は、達磨《だるま》大師が南インドから中国へ伝えました。この達磨禅は、六祖慧能《えのう》に至って飛躍的に発展します。その後、有能な禅師たちが輩出し、中国の地において禅宗は大いに栄えます。その後、中国の禅は日本へも定着し、曹洞宗の道元《どうげん》禅師、臨済宗の白隠《はくいん》禅師などが出ます。道元禅師の禅や白隠禅師の禅の源流は、中国禅にあります。

この本では、中国禅宗の代表的な禅師十五人をピックアップしています。

この本の中の原文の現代語訳は、複数の現代語訳の中から良いと思われるものを選び出し、わかりづらいところは私訳も加えました。
この本の中の禅問答の解釈は、私自身の解釈です。
では、禅師たちの思想や、それを説明した私の体験をお楽しみください。

※現代語訳には、現在使われていない漢字や表現が出てきますが、なるべく原典に沿う表記にしております。

目次

中国禅宗の禅師たち

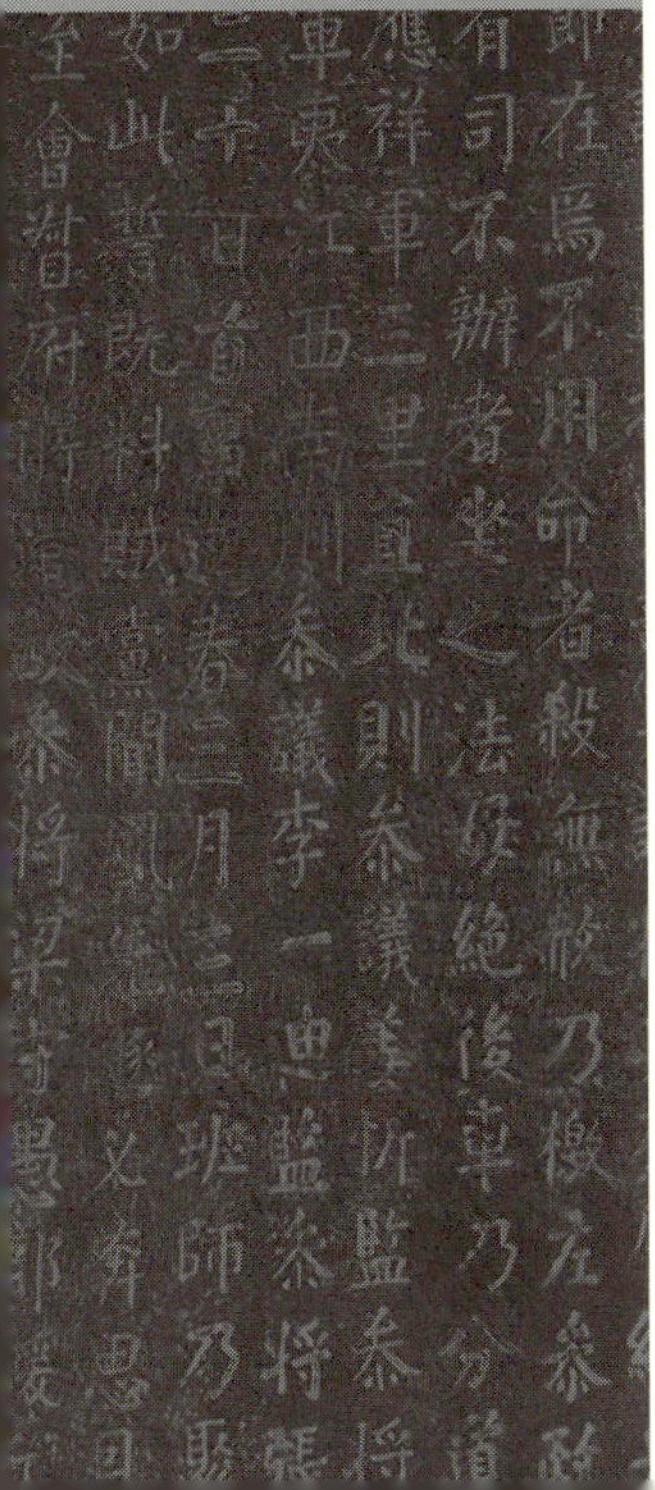

第一章

達磨《だるま》

百五十歳まで生きた達磨

七転び八起き、願掛けなどで馴染みの達磨は、中国禅宗を開いた人です。禅をインドより中国に伝えたことで、中国禅の初祖と呼ばれています。お釈迦様から数えて第二十八番目の後継者です。達磨が亡くなったのは五三六年、五二八年などいくつかの説があり、百五十歳で亡くなったといわれています。出身は南インドの小国で、その国の第三王子であったとも、ペルシャで生まれたともいわれています。

皇帝、達磨に叱られる

達磨に関しては有名な話があります。

達磨は中国に来て、梁《りょう》という国の皇帝である武帝《ぶてい》に会います。武帝は達磨を王宮に招き質問をします。武帝は中国歴代皇帝の中でも最も仏教に理解のある一人で、仏教を大いに保護し、南京《なんきん》の町にたくさんの寺院を建て、仏教学研究を奨励し、自らもお経を講義できるほどでした。

原文の現代語訳

武帝は、質問しました。

「私はこれまでにたくさんの寺を立て、写経し、大いに僧、尼僧に供養しました。これらの行いにはどんな功徳があるのでしょうか」

するとと達磨は、冷淡に答えました。

「功徳などない（無功徳）」

武帝は、質問しました。

「なぜ、功徳がないのですか」

達磨は、答えました。

「あなたの行いは、全て何かの報いを得たいという思いからのものだから、人間や天上《てんじょう》人《びと》（悟りのラインに達した人ではなく、まだ人間欲の残った天界にいる人）が満足する果報はあるだろうが、真実のものではない。真実の立場からいえば、功徳はないのだ」

武帝は、ばつが悪くなり別の質問をしました。

「最高第一の真理とは何ですか」

達磨は、答えました。

「大空のようにからりとしていて、迷いもなければ悟りもない、何の執着もない大悟《たいご》の境地から見れば、最高もくそもあるものか」

また武帝は、質問しました。

「ならば、そういうあなたは何者なのだ」

達磨は、答えました。

「そんなこと知るもんか」

達磨は武帝の学問仏教を嫌って華北に去り、嵩山少林寺《すうざんしょうりんじ》で一人坐禅を続けました。

地位、名誉、金のために修行する人々

この禅問答で「功徳などない」とあります。達磨がこう答えたのは、武帝が自分への報いを計算して行った行為だからです。

私の約三十五年間の修行を振り返ってみると、同じ寺や道場で修行した仲間たちの間にも、修行の果報を期待して、一心に坐禅している人もたくさんいました。一日十時間くらい坐禅して、お尻の肉が切れた仲間もいました。彼は「一生懸命坐禅すれば良いことがあり、博士号も取れるし、大学の先生にもなれるし、お金持ちにもなれるんでしょうね」と常に言っていました。達磨がここにいたらきっと彼に雷を落としていたでしょう。

私は今までに九人の師につきましたが、その師の中には講話などでは素晴らしい真理を語りながらも、結局は自分の名声、地位、お金という果報を期待している人もいました。これまた達磨からお叱りを受けることでしょう。

知識だけの仏教ではダメ

この禅問答で「最高第一の真理とは何ですか」「あなたは何者なのだ」とあります。この武帝の質問に対して、達磨はなぜつっけんどんな答えをしたのでしょうか。

それは、武帝の仏教が学問だけの仏教であり、頭だけの知識であるからです。達磨は学問仏教や知識に陥った当時の人々を、実践の仏教に向けるという役割があったので、武帝に対してもそういう答え方をしたのでしょう。

私の多くの修行仲間を見ても、仏教というものを誤解している人が多く見られました。獲得した仏教学の知識や、禅問答の知識を大切に溜め込んで、自分は他人よりも修行が進んでいるとか、他人より悟りに近づいていると勘違いしている人が多くいました。私の師であった著名な二人の禅僧は、そういう修行者に対して「お前、それでは学者にしかなれんぞ」「お前、もっとバカになれ」と指導していました。

ヒンズーの聖者方や現代欧米の聖者方が「オレンジの成分を調べるのではなくて、オレンジそのものを口にして味わってみなければ、オレンジの美味しさはわからない」というようなことを言っています。禅に限らずどんな宗教でも、知識に陥らず、実践を大切にするように教えているようです。

私もごく初心者のうちは、禅書や仏教書や宗教書を数多く読み、知ったかぶりばかりしていました。しかし、実践としての坐禅を進めていくうちに、知識からだけでは何も得られず、実践からのみ、本当のことが体得できるということがわかりました。実践が進んでくると、禅書などに書いてあった真理がよくわかるようになりました。ですから、実践しなければ、真理の本当の意味はわからないということでしょう。

ある程度実践を積んでいて、学問や知識を捨てようとしている修行者には「最高の真理とは何か」と聞かれれば、達磨は「全ては一つであり、全ては仏（悟り）そのものである」と答えてくれるはずです。「あなたは何者か」という質問に対しては「私は仏（神。創造主の分霊）だ」と答えてくれるはずです。

私の見性《けんしょう》体験

私が最初に見性（自分の本性が仏《神》であるとわかること。小悟《しょうご》ともいう）した時、「最高の真理とは何か、自分は何者か」ということが一時的にわかりました。達磨が答えたように「大空のようにからりとしていて、迷いもなければ悟りもない、何の執着もない……最高もくそもあるものか」「そんなこと知るもんか」という感じでした。

私の最初の見性体験の様子を、当時のメモからもう少し詳しく紹介しましょう。「自分という意識がなくなり、肉体感覚がなくなり、五感を超えるというのはこのことだろうと思いました。全てが、一つの宇宙の根本波動（宇宙の本体波動）の中に消えてしまい、一つの大波（宇宙の本体波動）だけを感じました。自分がその根本波動（宇宙の本体波動）の中に飲み込まれ、我がなくなるということが、こんなに快いものなのかと思いました。しかし、私の個性は残り、不安は感じません。最高の喜びを感じ、至福です。最高の寂静《じゃくじょう》で、最高の落ち着きで、最高の冴えです。このまま永遠に死んでいたいと強く思います。最高に生きているのに、最高の死でもあります」

これを体験すれば、少なくともこの体験中には、達磨が答えたように「大空のようにからりとしていて、迷いもなければ悟りもない、何の執着もない……最高もくそもあるものか」「そんなこと知るもんか」の境地がわかります。

見性体験をして一番素晴らしいと思ったことは、自分自身が宇宙の本質、創造主の分霊であるとわかり、それがゆえに、自分自身が愛そのものであり、英知そのものであると認識できたことです。私の見性体験のメモの中に「最高の喜びを感じ、至福です」とありますが、これは、自分自身が愛そのものであるからそう感じたのです。同じくメモの中に「最高の冴えです」とありますが、これは、自分自身が英知そのものであるからそう感じたのです。そして「私は救われた」と実感しました。

現代の聖者方も、宇宙の本質は愛と英知だと教えてくれています。それを、身を持って体験できることは（全ての人が体験できるそうです）、この上なく素晴らしいことです。

以上の見性体験は、主に自利行的な側面ですが、この見性体験は利他行的な側面も大いにあります。見性すると魂を覆っていた雲が散り、白光が自己の中心から外部に放射されるようになります。この光は周囲の人々や縁ある人々やその他の全てのものへ届くことになります。この影響力は案外知られていないようですが、聖者方が言っているように、大いなる利他行になります。仏教では「自利行と利他行を同時に行う」と言いますが、まさにこの見性は、そのように、自利行、利他行を同時に実践できるものなのです。

今から約十年前に、アイルランド国営テレビと英国ＢＢＣの共同クルーが、インタビューのために訪ねて来たことがありました。私の婚約者だった故アイルランド人尼僧の番組を制作するために、彼女をよく知っている私のところへインタビューをしに来たのでした。ところが、その話以外のインタビューが非常に多く、驚きました。内容は、仏教に関する疑問、禅に関する疑問、死後の世界に関する質問、そして宗教体験などについてでした。その中の質問の一つに「あなたが宇宙意識を得た体験を教えてください」というものがありました。そこで、前述の見性体験を紹介しました。すると、そのプロデューサーとディレクターは「私たちは宗教担当で、世界中の聖者や宗教者たちにいろいろとインタビューしているのですが、宇宙意識体験に関して、今あなたが言ったこととまったく同じ内容のことを皆言っていましたから、それが真実なのでしょうね。どんな宗教で瞑想しても、宗教体験は同じなのですね」と言っていました。

私が若い頃読んだ、ハーバード大学教授ウイリアム・ジェームズの書いた本の中に、世界中の宇宙意識体験（見性体験）をした人々の特徴が載っていました。それによると、宇宙意識体験に関する記述は、私が体験した見性体験とほとんど同じ内容でした。そして、その宇宙意識体験の高揚感、至福感が、その後何日間くらい続くかということも書いてありました。私の場合は、一週間から十日くらい続きました。その中でも前半の四、五日は、高揚感、至福感が強く、通りをスキップしながら歩いたほどでした。そのくらいこの見性体験というものは、霊的にも、精神的にも、肉体的にも画期的な影響を与えるものなのです。この強烈な見性体験のギフトの一つは、これを体験すると、この人生の最後まで、そして来世まで真理を求める修行を続ける推進力を与えられるということだと思います。

この見性体験をする以前に、見性体験と似たような体験をいくつかしましたが、それは完全な見性ではありませんでした。完全な見性は、仏性《ぶっしょう》の次元まで深く入った上での体験なのです。見性は、坐禅・内観・瞑想（この三つは同じこと）中にしか体験できないものだといわれています。この見性体験に関して後輩たちはいろいろ情報を得ているせいか、皆決まったように「全ては一つでした」という印象を語りましたが、それは第二義的な印象なのです。第一義的印象は「私は仏（神）だった。私は宇宙の本源そのものだった。私は本体波動だった。……」というもののはずです。これを言う後輩はいませんでした。

この見性というものを間違えて解釈している人は多いものです。見性というものは、真理を完全に体得した（悟った）訳ではなく、真理を一時的に垣間見たということなのです。そして、完全に悟りを得た場合は、不退転の境地になり、境地はもはや落ちません。完全に次元上昇《アセンション》したということです。しかし見性の場合は、見性体験後、境地は上下します。そして何十回も見性体験すれば、真の悟りに至るといわれています。ですから、見性の延長線上に、悟りがあるということなのです。

全ては一つ

中国の禅の聖者方と同じように、現代の聖者方も、この見性を通して得る「全ては一つ」という体験を、「人間がしなくてはならない大切なこと」だと言っています。

中国の倶胝《ぐてい》和尚は、どんな人にどんな質問をされても「全ては一つ」という意味で、手の指を一本立てたそうです。仏道修行者は、坐禅・内観・瞑想して「私自身が仏だった」「全ては一つ」と知ることが一番大切なことなのです。

「全ては一つ」という体験をすると「あなたと私」ととらえていたものが、「あなたである私」と感じられるようになります。このことは素晴らしいことです。これを地球上の各人が体験すれば、地上に争いや戦争がなくなり、この地上はユートピアとなることでしょう。

この見性体験は、やる気にさえなれば、どんな人でも体験できるものです。

※見性に関しては、原田健児（私のペンネーム）著『心の旅―ある求道者の完成への道』ナチュラルスピリット社　百六十三頁参照

何もしない達磨

達磨の最期は文献によると、何度も毒の入った食べ物を食べさせられた後、自身で毒を食らって死んだことになっています。

当時の仏教者たちは、経典研究などの学問仏教に重きを置き、理屈のみを追い、実践をおろそかにしていました。そこへ達磨が来て、坐禅という実践行をひたすらに行じました。するとと洛陽の町で「あそこの山にはおかしい者がいる。インドからやって来た気狂いだ。何をやっているのかというと、何もやっていない。経典も何も読まない。お経も読まないし、何もしない。壁に向かって終日坐っている。あれは一体どういう人なのだろう」という噂がたちました。

そういう中で達磨は、仏教者たちに坐禅の必要性を強く説きました。ですから達磨は誹謗され、憎まれ、毒を盛られました。いつの世でも真理を伝える聖者方は、このような迫害を受けるようです。

お経を誦《よ》むこと

達磨は「何もやっていない。経典も何も読まない。お経も読まないし、何もしない」とあります。

今日の仏教では、お経を誦むことが一番のメインになっています。私は子どもの頃から歌が好きで、仏教の修行を始める直前の二十五歳の時に、プロの歌手にならないかと声を掛けられたことがあります。そのせいで、禅寺で修行している時も、寺院の住職だった時も、お経を誦む時に節をつけこぶしを回して、演歌を歌うようにお経を誦んでいました。すると信者さんから「お経が上手ですね」「ありがたいお経をあげて頂きご利益を頂けました」などと、ありがたがられました。このように良い声でお経を上手にあげるお坊さんは評価が高く、ありがたがられているようです。

お経を誦むことに功徳がないとはいえませんが、仏教の本来はお経を誦むことではなく、お経に書いてある本当の意味を把握し、お釈迦様が行った坐禅・内観・瞑想を実践して、お経の内容を体現することです。そのお釈迦様の修行を一番正当に伝えているのが中国の禅仏教といわれています。

死後復活した達磨

亡くなった達磨は熊耳山《ゆうじ》に葬られ、定林寺に塔が建てられました。後に魏《ぎ》の宋雲《そううん》が西域へ行き、帰路パミール高原で、片方の靴を持ってインドへ帰り行く達磨に出会いました。これを聞いた皇帝が達磨の墓を開けてみると、達磨の死体はなく、靴が片一方残っていたのでした。

私は、この話を伝説としてではなく、真実の話と解釈すると面白いと思っています。達磨は死後、あのイエス様と同じように復活し、パミール高原、インド方面にある、いわゆる地底楽園シャンバラの入り口の一つから中に入って行ったのでは……。あのイエス様がなされた真実とされている復活を、仏教の大師である達磨もなされたとしたら、それはとても興味あることだと思います。

この本の中でこれから紹介する禅師の中にも、死後復活された禅師がいます。このように死後復活は、悟った聖者方には不思議なことではないようです。

全ては一つ

では、達磨の教えとされるものはあるのでしょうか。現存の文献のなかで、学者が今日唯一の達磨の語録として認めているものが『二入四行論《ににゅうしぎょうろん》』です。以下に紹介してみます。

原文の現代語訳

生きとし生けるものは、凡人も聖人も全て平等な真実の本質を持っているが、ただ外から来る妄念にさえぎられて、その本質を実現することができない。もしも妄念を払って本来の真実にかえり、身心を統一して壁のように静かな状態に保ち、自分も他人も凡人も聖人も、ひとしく一なるところにしっかりと安住して動かず、決して言葉による教えによらないならば、それこそ暗黙のうちに真理とぴったり一つになり、分別を加えるまでもなく、静かに落ち着いて作為がなくなる。

ここに書いてあるように、凡人といわれる人も聖人といわれる人も皆、父なる神の分霊、創造主の分霊なので、本源そのもの、本体そのものであり、平等に宇宙の真理、仏となる本性を持っている訳です。そこで仏教では「衆生本来仏なり《しゅじょうほんらいほとけ》」「私たちは元々悟っている」とよく言うのです。ですから、私たちは心身を統一して、坐禅・内観・瞑想して「全ては一つであり、全ては仏（神）である」という真理を体験することが大切です。

私たちは、この現象的な世界を生きていると、外からの刺激や煩悩に影響され、本来の清浄《しょうじょう》な悟りを体現することができません。それを体現する方法は、外からの全ての刺激を振り払って、心を無にして、全ては一つというところに深く心を落ち着け、坐禅・内観・瞑想することです。太古の昔から、本当の自分（悟り）を発見するには、この方法しかないようです。

この「全ては一つ」という坐禅ができるようになると、自分と他との区別がなくなり、「私とあなた」という相対ではなく「私であるあなた」になります。多くの人がこのことを体験すれば、この世に争いはなくなり、地上はユートピアになるでしょう。

坐禅・内観・瞑想の中で「全ては一つ」という体験をすることは最も大切なことですが、坐禅・内観・瞑想中で体験しなくとも、いつも「全ての人は一つ。地球は一つ。宇宙は一つ」と思い続けることが大切です。多くの人々がこのようなことを思っていれば、思いはいつの日か必ず実現するようです。

前世の罪業

原文の現代語訳

もし苦しみに出遇うとき、自分の心に次のように反省するのである――わたしはずっと昔から無限の時間にわたって、本当の自分を忘れて末端を追い、多くの迷いの世界にさまよい、多くの怨みや憎しみの心をおこし、限りなく他と対立し人を害《そこ》なってきた。今は罪を犯すことがないにしても、この苦悩は全て自分自身の前世の罪業が実ったのであり、神や悪魔が現じ与えたのではないと、こう考えて甘んじて忍従し、決して怨んだり弁明したりせぬのである。ある経典は『苦しみに逢っても気にするな。なぜなら、お前の意識は自ら深く根本に通じているから』と言っている。こんな考えが起こるとき、人は本来の原理と触れあい、怨みを契機として道に進むことができる。

ここに「もし苦しみに出遇う時……この苦悩は、全て自分自身の前世の罪業が実ったのであり、神や悪魔が現じ与えたのではないと、こう考えて甘んじて忍従し、決して恨んだり弁明したりせぬのである」とあります。

私の周囲を見回しても、自分に降りかかった苦しみを、他人のせいにする人は多いものです。ほとんどの人は過去世を憶えていません。自分が過去世でどれほど他人を苦しめたり、他人に嫌な思いを与えたりしたのか……。

仏教では、原則的には現在の苦しみというのは、前世（過去世）で犯した罪業や今世の現在までの罪業を原因とみなします。つまり、自分に罪あり、原因ありとする訳です。

私は今世で九人の師につき修行してきましたが、九人の師のうちに霊能者的な人もいました。霊能者は、概して不幸の原因を先祖に持っていきがちです。「あなたは先祖供養を怠ったからこの苦しみがある」「あなたのこの不幸は何代前のこの先祖が未成仏だからだ」などと……。新興宗教も不幸の原因を先祖に持っていくことが多いようです。

ヒンズー教や現代欧米の聖者方は、仏教と同じように全ての原因を本人の過去世や今世の言ったことや行いに帰結させるようです。それが一番公平で的を射た解釈だと思います。

過去世について

前世や過去世について少し説明したいと思います。前世と過去世は同じ意味で用いられています。

お釈迦様は、私たちが病気や事故などで死んで、それで全て終わりだという「断滅論《だんめつろん》」ではないのだと言っています。つまり肉体は滅びても、いわゆる霊魂は生き続け、生まれ変わり（輪廻）が続いていくということです。お釈迦様が死後の世界や輪廻に関して質問を受けた時に、何も答えなかった（無記）というのは、輪廻を否定していたからではありません。これは微妙な問題なので、相手がある程度以上の坐禅・内観・瞑想をしている修行者でないと答えなかったのだと思います。仏教では、前世、過去世の話は数多く出てきます。

イエス様も、ヨハネがやって来た時に「エリヤが来た」と言ったようです。エリヤは旧約聖書に出てくる聖者ですが、ヨハネの前世といわれています。

現代の聖者方も、自分の過去世について詳しく語ったり、書いたりしているようです。

私のついた師や出会った宗教家たちの中には、自分の過去世について語っている人もいました。自分の過去世をお釈迦様の十大弟子の一人とか、イエス様の十二使徒の一人とか、モーゼとか、歴史上の著名な大聖者などと言う人もいました。そんなに生まれ変わりのよい、立派な宗教家がゴロゴロいるはずもありません。

私はある師に過去世をお釈迦様と言われたことがあります。そしてその後、その師に意見をすることが多くなると、私の過去世はいつの間にかダイバダッタ（お釈迦様を裏切ったといわれている高弟）に降格していました。このように、真には悟っていない宗教家が見る過去世は、実にいい加減なものだと思います。

自分をお釈迦様の生まれ変わりと言う宗教家もいますが、それはないと思います。駒澤大学仏教学部の教授たちから「お釈迦様は地球上には今後生まれ変わって来ない」と教えられました。


私には若い頃、今は亡き「東北のマリア」といわれたアイルランド人尼僧の婚約者がいました。私は彼女を初めて見た時に「懐かしい」と思いました。彼女は、私に向かって「あ～、あなたが猪崎さんですか。初めてお会いしたんじゃないですねぇ。インド時代の縁ですねぇ」と言いました。彼女は、私との過去世を憶えていたようでした。

私は坐禅中に自分の過去世を垣間見たことがありました。一つ前の過去世のようでした。私は江戸の若い禅僧でした。依頼された信者の家へ行き、病床にいる依頼人をヒーリング（手当）していました。その時代の人々の様子や風景がよくわかりました。そして、その依頼人は、不思議なことに今世で私の友人であり、同じようにヒーリングをすることになりました。

※これらの霊的体験に関しては、『心の旅―ある求道者の完成への道』五十六頁、百九十三頁参照

もう一つ私が過去世を見た体験を紹介しておきます。ある日、坐禅中に深く入ったと思うと、突然私は十字架に架けられたイエス様の下で泣いていました。そこには同じように多くの人々が涙を流して悲しんでいました。この体験は短い時間の体験でしたが、今にも地球が終わりになってしまうような、とても強い衝撃的な悲しみでした。私は過去世で仏教だけを学んでいると思っていましたが、イエス様の教えも学んでいたのだなと思いました。だから小学生の頃からお釈迦様の伝記を読んで感動し、また同時にイエス様の伝記を読んでも感動したのだと思います。

私の修行段階では、イエス様の死に直面したとか、私自身が他人を殺害したとか、そういう衝撃的な過去世を思い出すことくらいしかできません。また、他人と交流した時に、その人との過去世の絡みを見るということくらいです。真に悟った聖者方は、自分の過去世を全て見ることができるようです。自分の過去世が連続する魂の歴史としてわかり、自分は肉体ではなく魂であったとはっきりわかるようです。

私のついた師が、弟子たちの過去世をよく言っていました。良い過去世を言われた弟子たちは有頂天になり修行を怠り、悪い過去世を言われた弟子たちは卑屈になり修行に力が入らなく

なってしまいました。聖者方は、弟子たちの過去世を必要である時以外は言わない方がよいと言っています。

現代の聖者が、ある人の強い要望に応えてその人の過去世を言っていますが、その人の過去世は、ある時は貴族であり、ある時は乞食であり、ある時は権力者であり、ある時は奴隷であり、ある時は農民であり、ある時は大工であり、ある時は芸術家であり、ある時は戦士であり、ある時は実業家であり、ある時は男であり、ある時は女でした。このようにどんな人でもいろいろな人に生まれ変わり、その時その時の人生を学んでいるようです。結局平均すると、どんな人でも同じであり、優劣はないということだと思います。ですから、私たちは今の人生を精一杯生きればよいのでしょう。

苦しみに逢っても気にするな

ここに「苦しみに逢っても気にするな。なぜなら、お前の意識は自ら深く根本に通じているから」とあります。

苦しみや不幸は、過去世でも今世でも、私たちの本質から見て表面的なものです。私たちの本質は宇宙そのものであり、父なる神の分霊であるので、深く根本に通じています。私たちの本質は何ものにも動じず、奥深くに堂々と輝いています。それが私たちの本当の魂であり、生命なのです。

苦しみが存在するから私たちの魂は進化し、完成（悟り）へと向かうのです。仏教ではこの世を「苦界」といっています。宇宙の仕組みとして、この世は苦しみに溢れていて、私たちはその苦しみを克服するためにあらゆる努力をします。それでもその苦しみを克服できないと知った時に、ついには仏（神）に頼ります。そして坐禅・内観・瞑想するに至ります。そうすると私たちは、苦しみは表面的なものであり、苦しみは私たちを真理に導くために存在する宇宙の仕組みの一つであるとわかります。ですから、苦しみに逢っても気にするなということなのです。

喜びにも悲しみにも動ぜず

原文の現代語訳

生きとし生けるものは自我がなく、全て因縁の力に左右されていて、苦楽をひとしく感受するのも、いずれも縁によって起こったことだと考えるのである。だから、もし好ましい報いや名誉などを得ても、それは全て自分の過去の宿命的な原因がもたらしたもので、今はあたかもそれを得はしたが、因縁が尽きれば再び無に帰するのであるから、喜ぶべきことは何もないと考えるのである。したがって、世間的な成功や失敗は、全て因縁によるのであり、自分の心そのものは何の増減もないから、喜ばしいめぐり合わせにも動かされず、暗黙のうちに真理に契《かな》うのだ。

ここにあるように、私たちの身に起こった良いことも悪いことも、ごく表面的なことなので、喜んだり悲しんだりしてはいけません。私たちの内奥に厳然と存在する魂は、増えも減りもせず、どんなことにも動じず、ダイヤモンドのように燦然と輝いています。悟りとはそのダイヤモンドに気づき、それを体現することです。

世俗と次元を異にする

原文の現代語訳

世間の人々はつねに迷っていて、どんな場合にも物をむさぼるが、これはつまり希求である。ところが、智者は真実を悟り、本質的に世俗と次元を異にし、心を自然で作為なきところに落ちつけ、身体もまた運命の動きに任せ、あらゆる存在を実体なきものと考え、物質的な欲をもたぬのである。……肉体のある限り、人はみな苦しい。何人かそこに安住することができよう。以上の点をよく反省するなら、もとより一切の存在の中にいて欲念をやめ、希求することもない。ある経典に「希求すれば全て苦しい、希求せぬときこそ楽しい」と言っている。これによって、希求せぬことこそ、まことに真理の実践であることが、はっきりと知られる。

ここに「智者は真実を悟り、本質的に世俗と次元を異にし、心を自然で作為なきところに落ち着け、身体もまた運命の動きに任せ、あらゆる存在を実体なきものと考え、物質的な欲を持たぬのである」とあります。

「本質的に世俗と次元を異にし」ということが一番大切なことです。現代の聖者方は「私たちの日常はどこまで行っても、良い悪い、好き嫌いなどの相対次元・二相次元であり、それ以上の次元、つまり絶対次元・一相次元にしないと宇宙の真実は悟ることができない。瞑想で次元を上げる訓練をせよ」というようなことを言っています。

日常の生活である相対次元は、実体なき世界であり、移ろい行く世界であり、幻の世界であるといわれています。何度輪廻し、生まれ変わっても、相対次元にい続けて、いつまでも真理に気づかないようではいけません。そのために、お釈迦様もイエス様も達磨も現代の聖者方も、このことを言う訳です。

仏教でよく「出家せよ」と言いますが、これこそ「本質的に世俗と次元を異にし」ということです。出家というと、頭を剃って寺に入ることだと思っている方がほとんどだと思います。真実はそうではなく、深く坐禅・内観・瞑想して、この相対次元の世俗から次元を上げて、涅《ね》槃《はん》、悟りの次元に入ることなのです。

計算するな

「心を自然で作為なきところに落ち着け」とあります。

私は今までに、二人の高名な禅僧についても修行しましたが、師たちはいつも「計算するな」「一切の計らいを捨てよ」と指導してくれました。普段の心構えもそうでなくてはいけませんが、それ以上に坐禅・内観・瞑想している時の心の状態がそうでなければいけません。

深い坐禅・内観・瞑想するためには、一切の作為をせず、計算をせず、計らいを捨てて無心にならなければなりません。悲しいこと、苦しいこと、嫌なこと、不安、心配、恐怖などを捨て、一時的にせよ、それら全てを創造主や神仏の前に投げ出し、お預けして、無心、無我にならなければなりません。

あなたは肉体ではない

ここで「肉体のある限り、人はみな苦しい」と言っています。

有名な中国の書『老子』に「人は大患となるものを自分の身と同じように大切にしているが、

われわれに大患があるのは、自分に身があるからである。自分に身がなくなれば、自分に何の欲望があり得よう」とあり、別の文献には「最も大きな患いといえば、人が身体をもっているということ以上のものはない。だから身を滅して無に帰るのである」とあり、また別の文献には「身が有れば苦が生じ、身がなければ苦は滅する」とあります。以上のことを理解するのはとても難しいようです。

私たちは、生まれた時から今に至るまで、この肉体が自分自身だと思っています。そのことが、私たちが真理を悟れない一番の原因といわれています。仏教、特に禅は、そのことを強調します。私たちが自分自身を肉体だと思う思い、及び肉体を持っているが故に発生する我意識が、自分の本来は清浄なる父なる神の分霊、仏性だという真理を隠してしまっています。

そして、その肉体及び肉体意識を滅する方法は、坐禅・内観・瞑想しかありません。このことは禅に限らず全ての宗教が言っていることであり、現代の聖者方も言っています。

本当の施し

原文の現代語訳

万物が本質的に清浄であるという原理を、これをあるべき有り方（法）と名づけるのであり、この根本原理からすると、あらゆる現象は全て空《くう》であり、そこには汚れもなく執着もなく、此と彼の対立もない。ある経典に次のように言っている。「理法は、生存者としての実体をもたぬ、生存者としての汚れを超えているからである。また理法には自我がない、自我の汚れを超えているからである」と。智恵ある人が、もしこの真理を深く体得することができるなら、彼は必ず有るべきように生きるはずである。およそ存在そのものは、もの惜しみすることがないのだから、肉体や財産を挙げて、施しの徳を実践し、心にものを惜しむことがないのである。かれは、自分と相手と施物との三者がもともと空であることをよく了解し、何物をもたのまず、何物にもとらわれず、ただ世間的な汚れを清めるためにのみ、全ての生き物を助け導きつつ、しかもそうした相対性にとらわれぬ。これこそ自利であるとともにまた利他であり、さらによく悟りの道を飾ることとともなるのである。施しの徳がかくの如くである以上、他の五種の波羅蜜《はらみつ》（施し・戒め・忍耐・努力・禅定・悟り）についてもやはり同じである。妄想を除くために六種の波羅蜜の行を実践しつつ、しかも行ぜられるものがないのであり、これがあるべきように生きる実践である。

ここに「あらゆる現象は全て空であり、そこには汚れもなく執着もなく、此と彼の対立もない」とあります。

これは、坐禅・内観・瞑想してある段階に達すると、誰にでもわかる真理です。全てのものは、現象を産むエネルギー状態、つまり空であり、それは白光に輝く清浄な光であり、汚れなどなく、執着などなく、からりとしていて相対のないたった一つの世界であるとわかります。この体験を「見性」といいます。

このように、空を体得した人が施しをする場合、結果も気にしないし、もの惜しみもすることがないのです。武帝も空を体得していれば、その施しは有徳のものとなるのでしょう。

ここで紹介している内容を仏教では、施しをする人とそれを受ける人と施し物との三者をあげて「三輪空寂《さんりんくうじゃく》」といいます。

自利行・利他行

ここに「ただ世間的な汚れを清めるためにのみ、全ての生きものを助け導きつつ……これこそ自利であるとともにまた利他であり」とあります。

仏道修行者というものは、深く坐禅・内観・瞑想して、内なる仏（仏性）の光を外に放射し、地上の汚れを浄化し、全ての生きとし生けるものに光を与え、助け導くのです。これこそ自利行であり、利他行であるのです。

『二入四行論』の要旨

この『二入四行論』の要旨をいえば、私たちは平等に仏性そのものであり、それが隠れているだけであるので、心を壁のように静かな状態に保ち「一なるところ」に落ち着く坐禅・内観・瞑想をすれば、真理とぴったり一つになるということです。

そして、日々の注意点として四つあります。

一つは、今の苦しみは神や悪魔のせいではなく、自分の過去世の業《ごう》の結果であるから、耐えて、努力して刈り取って行けということです。もちろん、その最良最短の方法は「一なるところ」に落ち着く坐禅・内観・瞑想をすることです。業というものは、実体があるのではなくて、心が固定化することによって自分で作るものですから、「一なるところ」つまり「無限」しかありませんが、その中では消えてしまいます。

二つには、苦でも楽でも実体のあるものではなく、縁によって生じただけのことなので、消えるものであるから、坐禅・内観・瞑想という最大の良縁によって、全て消して行けということです。

三つには、世間的、現象的なものは実体がないのですから、求めるなということです。

四つには、万物は本来清らかで汚れていないという真理を体得するために、空観に徹した六《ろく》波羅蜜《はらみつ》（施し・戒め・忍耐・努力・禅定・悟り）を行えということです。

以上の『二入四行論』が達磨の教えとされていますが、これが達磨の教えの全てではないと思います。実際には、弟子の能力に応じて、いろいろな段階の教えを説いているはずです。しかし、達磨の教えとされるものは、現在ではこの『二入四行論』しか残っていません。この達磨の教えは、仏道修行者にとって、昔も今も変わらない基本的かつ最も大切な教えだと思います。

壁観《へきかん》

達磨の坐禅は「壁観」といわれ、学者はこの「壁観」を、壁に向かって坐禅することではなく、壁のように不動で、それを境にして外界から雑音（霊的因縁）が侵入しないように、内（心）を守って一切の妄念を寄せ付けない坐禅と解釈しています。宗密《しゅうみつ》という高僧は「壁観にたとえて、もろもろの外面的なつながりを絶たしめた」と解釈しています。ある文献には「外からくる塵や作為的な妄念が入らぬのを壁という」とあります。以上が正しい解釈だと思いますが、後代になると「壁観」を「面壁《めんぺき》」の意とし、壁に向かって坐禅することと解釈したようです。

達磨の周辺にいた禅師たちの言葉

達磨の唯一の真の教えとして『二入四行論』を紹介しましたが、この『二入四行論』の前後にも紹介すべき良い文章があります。これは達磨の周辺にいた禅師たちの言葉を集めたものですが、達磨本人の言葉も入っているという説もあります。いずれにせよ、達磨を中心とした初期の禅宗に属する禅師たちの言葉です。では紹介します。

内なる仏を内観せよ

原文の現代語訳

道を修める方法として、……事実に即して理法を見る人は、どこにあっても忘れないが、古典にたよって理解した人は、実際の事件に出遇うとたちまち眼がくらむ。経典や注釈書によって、事実を論議するものは、理法にうとい。口に事実を語り、耳に事実を聞くよりも、自分の身心に親しく事実を経験する方がよい。……もしも、道を修める心を、すぐれて壮大にしようと思う人は、必ず心を常識的な価値を脱したところに置くがよい。

この文章の前半では、古典、経典、注釈書によらず、自身の内なる仏を内観せよと言っています。仏道は、真諦《しんたい》つまり空の領域を扱うものなので、坐禅・内観・瞑想による実践でしか理解できないと言っています。

常識的な価値を脱する

この文章の後半の「常識的な価値を脱したところ」の基準は、とても難しいように思います。仏教、特に禅では、俗諦《ぞくたい》の中の常識、つまり仁義礼智信の五常の外に出よと言っています。地球上の常識というものを徹底的に否定し、地球上の常識に意を置いていたら絶対に真理に気づくことができないということです。

私たちも、少し心を静めて考えてみればわかるように、この地球上の私たちの常識というものは、時代によって価値観が違い、いい加減なものです。例えば政治面を見ても、政権が代われば政策も変わりますし、教育面を見ても、カリキュラムをきつくしたり、ゆとりを持たせたり……。ですから、移ろいやすい地球上の相対次元的な常識から脱して、宇宙的な普遍の一相次元の常識に意を置かなければならないということです。

聖者方は、地球上の真理にではなく、宇宙の真理に心を置いたのです。地球上の常識ではなく、宇宙の常識に従った訳です。

ですから私たちも、仏教や禅でいわれているように、地球上の常識や常識的な価値を超えたところに心を置かなければなりません。達磨が「本質的に世俗と次元を異にし」と言っているのはこのことです。

私がついた師たちも「日常の意識から離れ、深く坐禅・内観・瞑想をし、一相次元に入らなければいけない」「日常の相対次元の連続で、坐禅・内観・瞑想しても意味がない」と言っています。

達磨の教えに「防護譏嫌《ぼうごきけん》」（世俗のそしりを防ぐための第二次的な戒律《世のそしりを止めるために制せられた戒》を守ること）」「順物《じゅんもつ》（世の人とうちとけること）」とあります。

これは前述の「心を常識的な価値を脱したところに置く」「心を日常的な相対次元に置かない」という内容と矛盾していると思われるかもしれません。しかし、ここで「心を」と言っているところに注目すべきです。

これは、心の内は一相次元・絶対次元に置き、日常の表面は、ある程度相対次元に合わせて生きるということです。身近に悟った師のいる人は、師の生き方を見て、その真俗への関わり方のバランスをマスターするとよいと思います。

学得底《がくとくてい》と体得底《たいとくてい》

原文の現代語訳

問う。

「世俗の人々は、さまざまに学問をしておりますが、どうして真理を得ないのですか」

答う。

「かれらは自己にとらわれているから、真理を得ぬのだ。……」


ここで言われているように、私たちの身につけている学問、知識、常識、形式、主義が、真理を追究する上で一番の障害になります。禅では「身につけた学問を一度全部捨てよ」や、「学得底（頭で知識として仏教を知る）でなく、体得底（坐禅・内観・瞑想を実践して悟る）であれ」と言います。私たち人間が苦手とするものは坐禅・内観・瞑想であると思います。ですから、どうしても文字に逃げ、学問、知識に逃げてしまいます。しかし坐禅・内観・瞑想なくして悟った人は一人もいません。

『老子』には「学問をするのは日々に知識を益すことであり、道を修めるのは日々に知識を捨てることだ。捨てた上にもまた捨てて、ついに無為《むい》（涅槃・悟り）に至るのであり、無為にして為さざるなしということになる」と明確に述べられています。

学問、知識、常識、形式、主義にとらわれないで、深く自己を見つめる内観に日々努力することは、私たちにとっても大切なことだと思います。

私も修行を始めた頃は、仏教や禅を知りたくて、多くの本を読み、知識を積み重ねることに熱心でした。しかし修行を進めていくうちに、それらの知識は限度のある地球上の相対次元の知識にすぎず、それらの知識が修行の邪魔にもなるし、一相次元・絶対次元への発展的な知識ではないということがわかってきました。そして私がついた師たちも「（相対次元の）知識を捨てろ、（相対次元の）学問を捨てろ」と指導してくれました。また、仏教学部の授業でも「道元《どうげん》禅師は当時最高の公家という家柄だったので、子どもの時から学問を大いに積まされ、後に修行を始めた時に、その学問知識を捨て去るのにとても苦労した」と教わりました。

また、私がついた師は「この世では、知識でも、学問でも、仕事上の業績でも、地位でも、名声でも、財産でもどんどん積み上げていくことが重要です。しかし真理の世界は、これとまったく反対のベクトルで、どんなものでもどんどん捨てていき、全てがゼロになったところが悟りの世界です」と教えてくれました。

「捨てる」ということは誤解されることが多いのですが、捨て去ってなくしてしまうということではなく、持っているものや獲得したものに執着せず、現象に一切の価値を置かず、宇宙の真理に目を向けるということです。地球上の価値を捨て、宇宙の真理に価値を置くということです。つまり心をどこに置くかということなのだと思います。

宇宙の真理を悟った聖者方は、なぜ賢者といわれるのでしょうか。聖者方の中には、地球的な学問を修めていない人も多いのに……。それは、深く坐禅・内観・瞑想して完全に悟りに至ると、宇宙の真理そのもの、神そのものになります。宇宙の真理というものは見性すればわかりますが、愛と英知に満ち溢れています。愛と英知そのものです。ですから宇宙の真理を悟れば、英知そのものになっている訳です。英知そのものになっている訳ですから、最高の知識を得ている訳であり、改めて地球上の知識や学問を習得する必要はないということでしょう。

修行の指導者

修行の指導者についての言及もあります。禅宗では「師資相承《ししそうじょう》」（師から弟子へ仏法を伝えること）、「以心伝心《いしんでんしん》」（文字や経論によらず、仏心を師から弟子へと直接に伝えること）をスローガンにしていますし、道元禅師が「正師を得ざれば学ばざるにしかず」と言っているように、正しく悟った師につくことが一番大切です。

世に多くいる正師でない師に関しての言及があります。

原文の現代語訳

世の中はどこもかしこも、みな魔人ばかりで、いたずらにやかましくさわぎ立てて、空しく争いをくりかえすにすぎぬ。ある人は、ありもしない解釈をつくって、他の人々を教え導こうとするが、かれらは口に薬の調合を論ずるのみで、一つの病気も治療することがない。……世間の愚か者たちは、ある種のバケモノどもが怪しげなことを教えるのをきくと、すぐに怪しげな理解を起こし、それを指標とするが、まったく、もってのほかのことだ。どうしてすぐれたはたらきをなすに堪えようか。かれは、ある人が百千万億という弟子を集めていると聞くと、すぐに心が動いたりする。よくよく自己の心のあり方を反省するがよい。いったい、そこに説明や文字が必要かどうかと。

これは、宗教のデパートといわれる現代にもピッタリと符合する内容です。たくさんの師がたくさんの弟子をかかえ、いろいろな説法をしています。私たちは正師を判断する眼を持たなければなりません。

禅宗以外でも「師資相承」「以心伝心」の例があります。近代インドの素晴らしい系譜であるババジ、ラヒリ・マハサヤ、シュリ・ユクテスワ、パラマハンサ・ヨーガナンダは「師資相承」「以心伝心」の典型でしょう。

悟った正師につくと、良きアドバイスが与えられたり、正しい悟りへの方向性が示されたりします。弟子たちはその師の素晴らしい波動、光の中で生活し、坐禅・内観・瞑想できるので飛躍的に進歩します。その正師は、私たちの過去世からのカルマの浄化や心の癒しを手伝ってくれます。そのように正師の波動、光の中にいて悟りを得ることが「師資相承」「以心伝心」だと思います。そのような師は、生きている肉身の師であってもよいし、いわゆる霊界（高次元）からの師であってもよいと思います。

「師資相承」「以心伝心」という言葉と正反対の「無師独悟《むしどくご》」（師匠がいなくても自分一人で悟る）という言葉があります。私の経験からいうと、本当の意味での「無師独悟」ということはないと思います。一人で坐禅・内観・瞑想をしていると、守護霊（守護天使）や指導霊（ガイド）が霊界から現れ、良きアドバイスをくれたり、疑問に答えたりしてくれることがあります。また霊界の神仏や聖者が現れて激励してくれたり、一緒に坐禅・内観・瞑想してくれたり、高い波動の中で導いてくれたりすることもあります。ですから、自分一人だけで悟るということはないような気がします。禅で言う「無師独悟」は、生きている肉身の師匠がいなくとも……ということではないでしょうか。

第二章

慧《え》可《か》

奇跡の出生

慧可（または恵可）は、達磨《だるま》の仏法を嗣《つ》いで中国禅の第二祖となった人です。河南省の出身で、四八七年に生まれ五九三年に亡くなっています。

慧可の父親は子どもに恵まれないのを嘆き、妻とともに「われらは今、多くの善を積んだ家にいて、子どもに恵まれない。真に子どもが欲しいと思う。神様よ、お助けください」と毎日のように祈願していると、四八七年の正月一日の夜、光明が現れその屋敷に溢れました。そして母は子どもを授かり、その子どもは光光《こうこう》と名付けられました。

霊魂は光明体

慧可の母が、慧可を妊娠する直前に現れた光明は、慧可の霊魂そのものだと思います。現代の聖者方も言っていますが、霊魂は精子と卵子が結合する瞬間に霊界から母体に入るそうです。霊魂が光明体であるのは、私も何回か体験しました。私の知人が亡くなった直後坐禅をしていたら、黄金の球形の光明体が現れました。また、私が妻と一緒に坐禅していた時のことでした。私がふと隣で坐禅している妻を見ると、妻は黄金の球形の光明体でした。ですから、霊魂は波動体としてもとらえられますが、光明体としてもとらえられるものだと思います。

神人の助言

光光少年は幼い頃から志が高く、十五歳でお経を全部勉強し尽くし、二十歳で香山《こうざん》寺に行き、宝静《ほうじょう》禅師に師事して、常に坐禅修行していました。洛陽の永和《ようわ》寺で出家し、三十二歳で香山寺に戻り、八年間坐禅修行しました。

その頃のある夜更けに、坐禅中の光光の前に一人の神人が現れて言うには「お前が本当に悟って人生の大問題を解決しようと思うならば、何でここにとどまるのか。南方へ行け、きっと道に近づくであろう」。四十歳の光光は神人の言葉を天の導きと思い、名をこれにちなみ神光と改めました。

ここに「神人が現れて言う」とあります。

坐禅・内観・瞑想中にいわゆる霊界の聖者が現れて激励してくれたり、疑問に思っていることや質問に答えてくれたり、一緒に坐禅してくれたりすることがあります。

私の場合、坐禅・内観・瞑想中に深く入ったと思うと、インドの聖者シュリ・ユクテスワが出現し、激励の意味で私にご自分のローブを結んでいる腰ひもをプレゼントしてくれました。また、私の坐禅・内観・瞑想が停滞している時に、インドの聖者パラマハンサ・ヨーガナンダが現れ「ただ深く、深くやることです」と私に助言をくれました。

正月に年頭の坐禅をしていると、白光に輝く白髪白髭の仙人らしき老人が現れ「ハートセンター に一心集中せよ」と助言をくれ、私と向かい合って坐禅をしてくれました。

ある時はここで紹介している慧可が出現し、私と向かい合って坐禅してくれたこともありました。

忘れもしない二〇一一年三月十一日に東日本大震災がありました。私の家はあの大きな揺れでかなりの被害を受けました。家具が倒れ散乱し、家の内壁も外壁も剥がれ落ち、屋根の瓦が浮き上がり、ブロック塀が倒れました。地震直後は激しい余震が続き、家の外に逃げ出したり、車の中に逃げたりしました。不安、心配、恐怖で私の心は動揺していました。しかし、坐禅だけはしなくてはいけないと思い、車の中や安全な部屋へ行き坐禅をしましたが、いっこうに心が落ち着きません。すると、約三十年前に亡くなった、私の昔の婚約者のアイルランド人尼僧が現れ「しっかり坐禅してください」と言い、向かい合って一緒に坐禅してくれました。すると心は落ち着き、いつものような良い状態になりました。

このように、私たちはたった一人で修行しているのではなく、守護霊も指導霊もいわゆる霊界の聖者方も霊界の縁者も、お手伝いしてくれています。

空中からの声

その翌日の夜になって、神光はたちまち頭の割れるような痛みに襲われました。これを癒やすため、師の宝静が灸をすえようとすると、また空中から声があり「急ぐな急ぐな。この痛みは換骨《かんこつ》（凡人の骨を神人の骨に変える）のためであり、普通の病、痛みではない」と告げられました。あまりの不思議さに驚き、神光は先に神人を見た旨を師の宝静に報告しました。宝静は、神光の頂骨が変形して五つの峰が並んでいるような様子を見て、これは間違いなく吉兆であり、ただちに南方の嵩山《すうざん》（五岳の一）へ向かい、少林寺の達磨に師事することを勧めました。

ここに「空中から声があり」とあります。

これは修行者にはよくあることです。この声は守護霊からの場合もあり、指導霊からの場合もあり、その他のいわゆる霊界の聖者方からの場合もあります。また、私たちに内在する仏（神）からの場合もあります。時には低い霊界にいる霊からの声の場合もありますので、識別が重要となります。

このように、神光は一夜にして身体に変化が起こり宗教的人格となる訳ですが、こういう話は身近にも見聞することがあります。修行が大きく進む時に頭がとても痛いとか、ゆがんでいた背骨が直るとか、長年の持病が治るとか……。決して作り話ではないでしょう。精神的、霊的転換だけでなく、身体的転換もあると思います。

左臂《ひじ》を切断

嵩山少林寺に登り、達磨に会った神光は、六年間師事し、機会あるごとに仏法を問いましたが、師達磨は、一言半句も教えてくれません。神光はある冬の雪降る日に、少林寺の中庭に立ち達磨を待ちました。雪は一晩中降り続き、未明には神光の膝から下を埋めてしまいました。達磨はこれを不憫《ふびん》に思い、ついに言葉を発しました。「そなたは長時間こんな雪の中に立ち続けているが、一体どうしたのか」。師の言葉を聞いて悲泣した神光は「師よ、どうか大慈悲をもって甘露の門（仏の教え）を開き、さ迷える人々を救いたまえ」と言いました。達磨の答えは「諸仏の無情最高の悟りは、数限りない転生の修行を要するのだ。それには困難な修行を歯を食いしばり、こぶしを握りしめて行い、忍の上にも忍を重ねなければならぬ。それなのにそなたはどうしてちっぽけな決意をもって大法を求めるのか。そんなことでは大法を手に入れることはできんぞ」でありました。神光は師のこの言葉を聞くと、懐中より利刀を取り出して、バサッと自らの左臂を切断し、それを達磨に差し出しました。達磨は喜んで「諸仏諸菩薩は求法のためには身を身となさず、命を命ともせぬものである。そなたも今、その臂を断ってしまった。そなたの求道心はなかなかのものである」と言い、神光を改め慧可と名付けたのでした。

ここに「左臂を切断し」とあります。

この雪中断臂を文献によっては伝えておらず、賊に遭って臂を切り落とされたが、法をもって心を御《ぎょ》して、痛苦を覚えなかったと記述しています。現代の学者もこれに賛成しています。

先述しましたように、私の坐禅中に出現し、一緒に坐禅してくれた慧可は、両腕がきちんと揃っていました。死後いわゆる霊界から出現する人は、たとえ生前に体に欠損する部分があったとしても、出現する時は完璧な体であることが多いそうです。私の知人で、ガンで片足を切断した人も、完全な体で私の坐禅中に出現しました。

安心問答

この雪中断臂に続いて、次のような安心問答があったようです。

原文の現代語訳

慧可は、達磨に尋ねる。

「どうか先生、心を落ち着かせて下さい」

達磨は、答える。

「心をもって来なさい。君に心を落ち着かせてやろう」

慧可は、尋ねる。

「心を探しても、どこにも見つかりません」

達磨は、答える。

「探せても、どうしてそれが君の心であろうか。君に心を落ち着かせてあげたよ」

達磨は、慧可に告げて言う。

「君に心を落ち着かせてあげたよ。君は今、わかるか」

慧可は、言下に大悟《たいご》する。


この問答で達磨は「君の心、私の心、誰の心なんてないんだよ。君が言っている心は、ごく表面的な心、つまり我の心なんだよ。真の心は一つしかないんだよ。それが宇宙の本源、創造主、父なる神、内在する仏なんだよ。今後内観して、それを真に知りなさい」と言っているのだと思います。

言下に大悟

ここに「慧可は、言下に大悟する」とあります。

「そんなことで大悟するのかな」とお思いでしょう。禅書を読むと「禅師が師の言葉を聞いた時に大悟した」とか「ほうきで小石を掃いていて、小石が竹に当たったカーンという音を聞いて悟った」などという話がよくあります。「日本で一番坐禅のできる禅僧」であった私の師は「中国の禅書に出て来るような優秀な禅師たちは、天才であるにもかかわらず（過去世で悟っていたり、かなり修行を積んでいる）、命をかけて坐禅・内観・瞑想をしているので、行住坐臥《ぎょうじゅうざが》（日常生活）が坐禅・内観・瞑想状態になっています。そういう風に、いつも悟りギリギリにいる禅師たちは、ちょっとしたきっかけで悟れるようです」と言っていました。私自身もその解釈が正しいと思っています。

ここに「悟り」について述べてありますが「悟り」とは、何でしょうか。また「見性《けんしょう》」との違いは、どうなのでしょうか。

悟りについて

「悟り」について、私は、仏教の授業でこう習いました。

「この大学は、禅宗の大学なので、悟りとは、空《くう》を体得すること、全ては空であると徹見することなどと教えるべきでしょうが、皆さんには、難しくて理解できないと思いますので、もう少しわかりやすく説明します。私たちは魂が完成するまで、生まれ変わり、死に変わりを何度も経験します。これを輪廻といいます。その輪廻の鎖を断ち切り、もう二度とこの地球上に生まれ変わって来ないことを、涅槃《ねはん》に入る、すなわち悟りといいます」と。悟ると、迷いから醒めるので、「覚醒」ともいいます。また、悟ると、煩悩や業《ごう》（カルマ）から解放されるので、「解脱」

ともいいます。涅槃（悟り）のラインを超えると、もう二度と境地はそこから落ちません。現代欧米の聖者方は「この相対的な現象世界は三次元です。悟りの一歩手前が四点七次元で、五点一次元以上が仏教でいう涅槃（悟り）です」と言っています。ですから、三次元にいる私たちが坐禅・内観・瞑想修行して、振動数（境地）を上げ、五次元へ移行するのが悟りということになります。

なぜ私たちは、三次元から高次元の五次元へ移行しなければならないのでしょうか。多くの聖者方も現代の物理学者たちも言っていますが、宇宙も星も無限に進化する方向にあるそうです。そして人間もその例外ではなく、無限に絶えず進化する方向にあるそうです。宇宙全体の仕組みがそうなっているようです。ですから、どんな人でも必ずいつかは悟れるということなのです。五次元に至った人の中には、役割で私たち三次元の人々を五次元へ導く人もいます。それを聖者（アセンデッドマスター）といいます。

悟ると、その悟りの次元に応じて、宇宙（本源）から多くの智慧が流入して来るそうです。現代の聖者方によると、現実に脳細胞も活性化され、開発されるそうです。肉体も細胞や遺伝子が変化し、三次元の肉体とは違った肉体に変性変容するそうです。

お釈迦様やイエス様などは、五次元ではなくもっと高い次元へと進化している大聖者なのです。二〇一二年現在で、最先端の物理学者たちは、十一次元までの存在を明らかにしています。今後、その上の次元も発見されることでしょう。このように、悟りの中にも五次元の悟り、六次元の悟り、七次元の悟り……というように、段階があるのです。私たちはまず、五点一次元の悟りを目指すべきでしょう。

この三次元から五次元へ移行するには、ここで紹介した禅師たちも私がついた師たちも現代の聖者方も皆、坐禅・内観・瞑想という実践でしか達成できないと言っています。

ところで、仏教の悟り、ヒンズー教の悟り、キリスト教の悟り……に違いはあるのでしょうか。仏教の中の禅宗の悟り、浄土宗の悟り、真言宗の悟り……に違いはあるのでしょうか。「万教帰一」という言葉があるように、正当な宗教であれば、悟った内容は同じはずです。聖者方もそう言っています。宗教への入り口、途中の過程では、民族や人種やその歴史、文化などの違いから、方便として、教え方や教える内容や言葉の使い方に多少の違いはありますが、結果としての悟りの内容には、違いはありません。それらは皆「自分は創造主そのものであった」「全ては一つであった」という結論に帰着します。

見性について

「見性」とは、前述したように、坐禅・内観・瞑想して自己の本性が宇宙の本源そのものだった、創造主の分霊だった、父なる神の分霊だった、仏（神）そのものだった、英知そのものだった、愛そのものだったとわかることです。そして、このように真理（宇宙の本源）は、遍満しているという次元においても「全ては一つ」ということもわかります。このことが、聖者方が言っている「あなたは、どこから来て、どこへ帰るのか」「あなたは何者なのか」の答えなのです。私たちは宇宙の本源から来て、宇宙の本源に帰り、宇宙の本源そのものなのです。

見性とは、真理を一瞬垣間見たということであり、その時の境地の永続性はありません。数十回見性すると、悟り（涅槃）の次元に定着するといわれています。それで、真の悟りを「大悟」といい、この見性を「小悟《しょうご》」というようです。

見性は、日常の自分やちょっとした良い瞑想状態と違い、完全に別次元になります。この見性体験は、完全に五感を超えた体験なので、生まれてこのかた経験したことのない、言語を絶する完璧な至福状態と感じられることでしょう。

この見性体験は、全ての人が仏性《ぶっしょう》（創造主の分霊）を持っているので、全ての人が体験できます。しかし、努力をしないと体験できないことは言うまでもありません。日常生活において、無心無我になる努力を続けていなければなりません。

しかし、この見性体験した人でも、この見性体験をしたことで傲慢になったり、真に悟ったと勘違いしたりすることも多く、その人は後退の道を歩み始めます。しかし、一度でも見性すると、その強烈な体験が忘れられず、今世の最後まで、また来世までも修行を続けるようになります。ですから、一度傲慢になった修行者でも必ず軌道修正して、真に悟るまで努力を続けるようです。ですから、六祖慧能《えのう》大師も人々に見性することを勧めたのでしょう。

私たちは、どんな人でも仏性を持っていて、元々悟っているのに、なぜ悟りづらかったり、見性しづらいのでしょうか。私がついた師たちは、「日本で一番坐禅のできる禅僧」「日本で五指に入る禅の高僧・最後の禅僧」といわれた師たちは、私たち修行者に向かって「あんたたちが、なぜ悟りづらかったり、見性しづらいのかというと、それは、あんたたちに色気があり過ぎるからなのだ」と言っていました。ここでいう「色気」とは、男女間の情愛ではなく、この現象である三次元に未練たっぷりで、執着し過ぎているということを言っているのです。つまり私たちは、三次元的な地位、名誉、名声、出世、富などに意識があいすぎているということなのです。これでは宇宙の真理や神仏との距離が縮まらないのは当然のことです。世俗的な物を追い求めれば、真理や神仏は遠ざかっていきます。

目覚め・気づきについて

最近よく使われている言葉で、「目覚め」「気づき」という言葉があります。この言葉は、人によって意味しているところが違い、はっきりと意味が定義されている言葉ではないようです。ある人は悟りのことを言い、ある人は見性のことを言い、ある人は五感を少し出た体験を言い、ある人は五感内の体験を言っているようです。

私が若い頃に体験した、目覚め・気づきと思われる体験を紹介しておきます。私が中学二年生の時のことです。教室に行こうとして廊下を歩いていた時のことです。歩いていて、何だかいつもと歩く感じが違い、おかしいなと思っていました。体が異常に軽く感じ、足も宙に浮いているような感じでした。その時急に、今まで体験したことがない感覚に入りました。そして、気がつくと私は、廊下の天井あたりにいて、廊下を歩いているもう一人の私を見下ろしているのです。私は何が起こっているのか判断できず、非常に驚き、しかし自分ではどうすることもできないので、しばらくの間そのままにしていました。これは、いわゆる幽体離脱して、霊魂の私が肉体の私を見ている状態だと後にわかりました。この幽体離脱している時の感覚は、自分に何の束縛もなく、本当に自由で楽しく、幸福感に満ち溢れていました。そして、しばらくすると霊魂の私はスーッと下りて行き、肉体の私と一つになりました。この体験をした何日間かは、体も心も軽く、幸福感に満ち溢れていました。若き私はこの時、肉体と霊魂が別物だと初めて知りました。この体験は大変衝撃的なものでした。この体験がもっと深くなった場合が臨死体験のような気がします。これが私が体験した、初めての大きな目覚め・気づきだったように思います。

その後も私にはいろいろな目覚め・気づきらしきものがあり、二十五歳で修行を始めると、もっと多くの目覚め・気づきがありました。坐禅・内観・瞑想の修行者には、毎日のように目覚め・気づきがあると言ってもよいでしょう。修行を始めると、始めていない時と比べて、目覚め・気づきの回数が顕著に増えてきます。そうすると心の次元も変わっていきますし、肉体が変化することもありますし、思考パターンも大きく変わることがあります。欧米の聖者方は、遺伝子まで変化すると言っているようです。

このように修行者というものは、多くの目覚め・気づきを体験し、見性体験し、悟りへ至る道を歩いて行くものです。結局はどんな人でもこの道を歩んで悟りに至るのです。

この後、慧可は本当に大悟し、達磨の法を嗣ぐことになり、達磨が常に奉持していた『楞伽《りょうが》経』四巻を伝授されました。

皮肉骨髄

慧可は達磨の後継者となりました。達磨には慧可の他に三人の高弟がいて、その四人の内から慧可が選ばれる話があります。

原文の現代語訳

嵩山在住が九年におよんだとき、達磨は母国印度《インド》に帰ろうと思い、門人一同に言った。

「わしもお前たちと別れる時がきたようだ。だが、わしはまだ、お前たちが仏法をどのように会得したかという見解をきいていない。どうじゃ、各自それを述べてみなさい」

そこで最初に道副が言った。

「経論の文字にとらわれないで、しかも経論にはずれない働きが、参禅学道の要諦《ようたい》です」

すると達磨がこう言った。

「お前は、わしの皮を得た」

次いで、尼総持《にそうじ》がこう言った。

「私が思いますには、阿難（釈尊の十大弟子の一人）が同席の大衆とともに、釈尊の神通力を得て、阿閦《あしゅく》仏国という天国をただ一度だけ見たように、無常無我である一切の諸法は二度と同じ相《すがた》を見ることはできない――諸法は皆空だということです」

達磨がこう言った。

「お前は、わしの肉を得た」

道育が見解を述べた。

「四大も本来空、五陰ももとより空（全ては空）だということですが、私に言わせますと、その空の理もまた空で、ひとつ（一法）として空ならざるものはありません」

達磨がこう言った。

「お前は、わしの骨を得た」

そして最後に、慧可が達磨に一礼して、無言のまま自分の定められた位置に戻って立った。

そこで、はじめて達磨がにっこりと笑って言った。
「お前こそ、わしの髄を得た」

これで慧可は達磨の仏法を相続することになりました。この「皮肉骨髄」の門答は、道副（文字にとらわれずして文字を離れないという見解）・尼総持（法の要諦としての般若皆空《はんにゃかいくう》の見解）・道育（尼総持の空を超えて、空の理もまた空であるという見解）・慧可の四者四様の見解を列挙し比較することによって、慧可が無言のうちに言ってのけた不立文字《ふりゅうもんじ》（経典の文字や教説にとらわれない）、任運無作《にんうんむさ》（思慮分別を働かせず、自然のままに事を行うこと）の境地が仏法究極のものであること、同時に、そのような仏法究極の境地に修行者を直ちに入れる禅の宗旨が、仏法の正門《しょうもん》であることを強調したものと、一般的にはいわれています。

私の体験から言いますと、道副、尼総持、道育はその順番に完全な悟りに近づきつつある菩薩です。しかし、完璧な悟りを得ているのは慧可だけだと思います。慧可は、宇宙の真理は言葉を超えたところにあり、一切の思慮分別を捨て去ったところに現れるということを「無言」で示したのだと思います。

悪魔の言葉

慧可は達磨の没後五三四年頃鄴都《ぎょうと》に出ました。大いに禅風を鼓吹しましたが、当時の修行者たちは理解できず、かえって反抗しました。その頃、鄴都で弟子千人を擁して活躍していた道恒《どう》禅師は、慧可の説法を「魔語《まご》」とまで言いました。ついに弟子を慧可のもとに遣わして、何かたくらみましたが、その弟子はかえって慧可の教えに心服しました。そのため道恒は慧可を恨み、時の権力者に財貨を贈って慧可を殺害しようとしました。道恒が慧可の教えを魔語であると言ったのは、慧可の教えが、当時の北朝仏教界の常識とはまったく異質だったからでしょう。慧可はこのような迫害にあっても、少しも恨むことがなかったようです。

迫害を受けた慧可は、北周破仏、北斉《ほくせい》破仏に際しては、皖公山《かんこうざん》に隠れていました。この時慧可は九十歳を超えていました。

迫害の一生

迫害の一生であった慧可の最期も、まさにそうでした。その頃、弁和法師という人がいて、鄴都の寺で『涅槃経』を講じていました。慧可がその寺の門に行って法を説くと、集まって来る人々は非常に多く、弁和の講義の方には人がいません。弁和は慧可を恨み、すぐに県の役人に訴えました。「あの邪見道人が私の講義をだめにしました」と。役人は事情を調べません。慧可は理不尽に殺害されて死にました。年齢は百七歳でした。師の達磨と同じように迫害の一生でした。

それでは「魔語」とののしられた慧可の悪魔の教えとは何だったのでしょうか。師の達磨は「一なるところ」に落ち着く坐禅・内観・瞑想を教えました。当然、直弟子慧可もその法を嗣ぎ、万法一心（全ては一つ）にたって、二見《にけん》の対立全てを、自らの心が現ずる妄想にすぎないと説きました。無明《むみょう》と智慧、煩悩と菩提（悟り）は等しいものであり、別なものではないから、二見に執《しゅう》するなと説きました。しかし、人間というものに分別の働きがある限り、ものを分別し、対立させ、差別して見ます。二つに分けて、それらが実際に存在するように見るのが人間の知性の働きです。しかし、この二見の中にいる限り真実は見えません。人間の視点を持つな、仏の視点を持てというこの教えは、当時の仏教者にも現代の仏教者にも、なかなか受け入れられない「魔語」なのでしょう。お釈迦様も達磨も慧可もその他真理を悟った聖者方も、真理を説くにあたり、命をかけて説法したのです。

第三章

僧璨《そうさん》

罪性問答

僧璨は、出生地も出身の族姓もわかりません。生まれたのは五一〇年頃で没年は隋の六〇六年です。百歳近い長寿をまっとうしたようです。

四十歳を過ぎた一人の老居士が二祖慧可《えか》のもとにやって来ました。この老居士僧璨は、この時「大風疾」を病んでいました。この病気は大変な病気だったのでしょう。

ここで僧璨はいきなり慧可に次の一問を発します。いわゆる「罪性問答」です。

原文の現代語訳

居士（僧璨）は慧可に次の一問を発した。

「私は中風の身でありますが、これは、私が多年犯してきた罪のむくいでございましょう。どうか、和尚、私に罪の懺悔をさせて下さい」

しかし、慧可の答えは居士（僧璨）の意表をついたものだった。

「その罪というのをとり出してみなさい。お前さんに懺悔させてあげよう」

居士（僧璨）は考え込んでしまった。しかし、やがて答えた。

「その罪をとり出そうとしましたが、とらえることができません」

慧可は、次のようにさとした。

「それでよい。わしはもうお前さんに懺悔させてしまったよ。だが、お前さんもここで懺悔したからには、今日から仏・法（釈尊の教え）・僧の三宝に帰依した生き方に改めてはどうか」

居士（僧璨）が言った。

「しかし、和尚、仏法僧の三宝に帰依せよといわれましても、僧の問答は、和尚という方を拝見して十分に納得がゆきますが、仏と法がよくわかりません」

慧可が言った。

「仏とは、この心のことじゃよ。そしてこの心がまた法でもある。したがって、法と仏とはひとつのもの、僧も同じことじゃ」

居士（僧璨）が言った。

「いや、今日は、罪が空《くう》無我だということや、是心是仏・是心是法の教えのとおり、仏と法の不二なことがよくわかりました」

ここでこの居士（僧璨）を大器と判断した慧可は、早速剃髪させてこう言った。

「お前さんはわしの宝じゃ。よって僧璨と名のりなさい」

病気の原因

ここの問答にありますように、病気の原因を過去世の悪業とみるのは原則的には間違ってはいないと思います。僧璨の中風の原因は確かにそうだったのでしょう。しかし、病気といってもいろいろな原因があり、またその人その人によっても状況は異なってきます。しかし、達磨《だるま》章にも書いたように、病気の原因になった業《ごう》というものは実体があるものではないので、「一なるところ」に落ち着く坐禅・内観・瞑想を続ければ消えてしまうようです。この問答はそれを言っている訳です。

一般的に言って「病気の原因」は、過去世や今世の悪業のせいや、無知ゆえに宇宙の法則に反した生き方をしてしまったからでしょう。

しかし、病気の原因はそれだけではないようです。修行者が病気になり、それを克服することによって、修行の段階も上がるという神の計画もあるそうです。キリスト教の聖フランチェスコや聖テレサも何年かの盲目期間を経て、霊的に精神的に大いに進歩したようです。ここにある僧璨も同じケースだと思います。

現代の聖者方が、次のようなことを言っています。「求道者は貧困と病気の試練を受け、それを克服することによって修行段階を上げる。懸命に修行する人生は、他人の何生分、何十生分をこの一回の人生で経験してしまうので、乗り越えなくてはならない苦難が一度に押し寄せてくるのだ。だからいつも希望をもって邁進せよ」と。

また、これら聖者方の場合は、イエス様が地球上の罪を背負って十字架に架けられたのと同じように、地球上のカルマ（業）を請け負い、病気になることもあるようです。それによってそれらのカルマは浄化されるようです。

このように、病気と言いましてもいろいろな原因があります。またその原因も一つだけではなく、いくつかの原因が組み合わさっている場合もあるようです。

先祖供養

これに関連があることなので述べておきます。よく霊能者や新興宗教は「病気の原因は先祖が成仏していないからです。だから先祖供養をしてください。なかなか成仏しない先祖は私が供養しておきますから……」などと言います。

私の妻が若い頃、ある有名な霊能者が「あなたの今の体の不調は、亡くなったお父さんが成仏していないで苦しんでいるからです……お父さんを含め、先祖供養をしっかりやってください」と霊視してくれたそうです。妻はその日から霊能者に言われたとおりに、朝晩十分に時間をかけて先祖供養をしました。始めてから一週間くらい経った時に、夢（霊夢）の中に、生きている時よりも元気で活力に溢れた姿の父親が出現したそうです。妻は聖者方の言葉を思い出しました。「死んだ人はどんな人でも少し時間が経つと、自分が肉体を脱いで、いわゆる霊界（地上のような束縛がない世界、自分に合った天国）に来ていることに気づきます。そして、全てから解放されたことがわかり、安心し、霊界での生活を楽しみます」。妻の父親は「私はこちらの世界でこんなに元気にしている」という姿を見せたかったのだと思います。そして、妻はその後先祖供養をやめたそうです。もちろん、先祖に対する感謝と尊敬の念は持ちつつも……。

私の体験からいっても、死者の供養はする必要がないと思います。前述のとおり、私には若い頃、禅寺で知り合ったアイルランド人尼僧の婚約者がいました。彼女は海外で不慮のバス事故で亡くなったのですが、死後私の坐禅中やそうでない時に何度も出現し、明るく元気な姿を見せてくれました。

また、私の親友がガンで片足を切断して亡くなったのですが、死後完璧な両足を持って明るく元気な姿を見せてくれました。親友はガンに侵され、苦しみ悩み悲しい思いで亡くなったのですが、死後、霊界に行ってからは、前述したように、生前の苦痛が消え、心も体（霊体）も完璧になって出現したのでした。

また、南米などでは人が亡くなると、皆で集まって「この苦しい地上を卒業して、楽しい霊界に戻れておめでとう」という趣旨でお祝いのパーティ（日本でいうお葬式）をするようです。

キリスト教では「人間は亡くなったら皆天国へ行く」と教えているそうです。それは当たっていると思います。人間は亡くなると自分に合った天国へ行くようです。

私がついた師の何人かが言っていました。「あなた方は、そんなに汚れた心を持っているのに（悟ってもいないのに）、人のために祈ったり、供養したりしたらとんでもないことになりますよ。あなた方のその汚れやカルマがそのまま祈りの対象者に届いてしまいますよ」。確かに、そう言われてみればそれも一理あると思います。

私は、他人の病気を治したり、他人の先祖供養をしたりすることは、他人のカルマに関わることをしているのではないかと思いました。このことは、私たちに関する神の計画を阻害したり、邪魔をしているのではないでしょうか。私たちはいつから神の領域を侵すようになってしまったのでしょうか。神の計画は、本人の自由意思を重んじ、好きなことをやらせ、それによって得たカルマは自分自身で刈り取らせるということだそうです。ですから、私たちは他人のカルマに関わるべきではないというのが原則でしょう。もちろん、愛をもって人を助け、見守るということは大切なことです。

神々や聖者方の目からみると、私たちが不幸だと思っていることは、実はそうではなく、私たちの大いなる魂の進歩の原因となるということです。神々は私たちの魂を何十生、何百生というタームで見守ってくれているのだと思います。

仏とはこの心のこと

ここの問答の後半で、慧可の言っている「仏とは、この心のことじゃよ」というのは、仏は外に求めるものではなく、自分の内に求めるものだということです。お釈迦様の「自燈明《じとうみょう》（内在の仏こそ真の自分であり、その導きに従って生きよ）」、道元《どうげん》禅師の「仏道をならうというは、自己をならうなり」ということと同じです。仏性《ぶっしょう》（創造主、父なる神）は各人に遍在しています。

一つの心

この問答が、別の文献では次のようになっています。

原文の現代語訳

慧可が尋ねた。

「どこから来たのだ、わしに何の用か」

僧璨が答えた。

「もちろん和上に師事するためです」

慧可が言った。

「汝のような中風病みの男が、わしに会って何の益があろう」

僧璨が言った。

「身は病気でありましても、私の心は和上の心とちがいません」

慧可は、僧璨がなみの男でないと知って、すぐに付法と証拠の袈裟《けさ》を与えた。


これは、身体は多少違っていても、心は、あなたの心、私の心、全て同じ一つの心だということです。心は一つしかなく、それを「仏性」ともいいます。

知る者がいない僧璨

このように僧璨は、二祖慧可に会って心服し、ただちに得度《とくど》（剃髪、出家のこと）を受け、やがて嗣法《しほう》も許されました。その後、北周の武帝《ぶてい》の破仏（五七四年）に遭遇し、慧可とともに皖公山《かんこうざん》に隠れましたが、五年後、慧可と別れて司空山に入りました。そして皖公、司空の両山の間を常に往来し、街中に入ったり、長く一処に定住することがなかったので、そのようにして十余年を経過しても、世間には僧璨をよく知る者がほとんどいませんでした。

不思議な話

この僧璨には不思議な話があります。皖公山は猛獣が多く、しょっちゅう住民が殺されていたのですが、僧璨が来てからは全ての猛獣が他の場所に出てしまいました。

僧璨は当然悟っていますので、周囲に素晴らしい愛の調和波動を放出しています。住民を殺すような猛獣の波動とこの調和波動は、合うはずがありません。猛獣にとっては、この愛の波動が不愉快に思われるのです。それで猛獣は他の場所へ逃げてしまった訳です。

現代の聖者方は「地球上に人と人との争いや戦争がなくなり、調和波動に満たされれば、狂暴な猛獣たちは地球上から消え、温厚な動物だけが残るだろう」と言っています。

また、ある寺の水が涸《か》れた時、僧璨が焼香して祈ると、たちまちこんこんと水が湧き出たそうです。

聖者の死

僧璨の最期も風変わりなものです。「世間の人々は、皆坐禅したまま死ぬ（坐終・坐脱）のを尊び、めずらしいと言ってほめる。私は今、立ったままで死のう（立化《りゅうけ》・立亡《りゅうぼう》）、私にとっては、生きるのも死ぬのも思うままである」。こう言い終わって手で樹木の枝を掴むと、たちまちにして息が絶えたのです。

僧璨は立ったままで死んだのですが、多くの聖者方は、古今を問わず坐禅・内観・瞑想をしながら死んでいます。三昧に入ったままで死ぬので「マハーサマーディ（偉大なる三昧）」と言います。悟った聖者方は生きるも死ぬも思うままであり、役割が終わり時期が来れば、自在に魂を肉体から抜き去ることができます。インドの聖者パラマハンサ・ヨーガナンダも、マハーサマーディに入り、魂を抜いたことが『あるヨギの自叙伝』に書いてあります。

この僧璨の師である慧可やイエス様や多くの聖者方は、殺されています。お釈迦様や道元禅師などは病気で死んでいます。悟った聖者方は、その時代その場所で役割を十分に果たした後、魂を肉体から外すだけのことです。死に方はいろいろあってよいということだと思います。

死なない聖者方もいます。例えば、インドの大聖者ババジは年齢三千歳だそうですし、最近アメリカによく出現するといわれる聖ジャーメインは年齢八百歳だそうですし、ヒマラヤの聖者方は数百歳とかそれ以上の年齢だそうです。

聖者方の中には、時々肉体を変えて生まれ変わって来る人もいますし、同じ肉体で長く生きている人もいます。どちらのタイプも存在するようです。

人に法を説かず

僧璨は「悟りの境地は、そこに至る道がかくされていて、言語表現の及ばぬものであり、真理の主体はからりとして静かで、見聞のとどかぬものであるとわかる。つまり、文字や言葉は、無駄な設備にすぎぬのである」と言っていたようで、常に静かに坐禅するばかりで、著書を著《あらわ》さず、口を閉じて人に法を説かなかったそうです。

悟った禅僧の中には、人に法を説かなかった人も少なからずいるようです。人に法を説かなくても、寺にいる弟子の禅僧たちと一緒に坐禅をしたり、個人的に面会に来る修行僧には対機《たいき》説法《せっぽう》をして対応したと思われます。悟った聖者のそばで坐禅をするだけで、弟子たちに絶大な効果が現れるはずです。悟った聖者方からは常に宇宙の根源波動（悟りの波動）が強く放出されているので、弟子たちはまさに霊的指導を受けていることになります。これで十分な指導となるのです。公に法を説くか説かないかは聖者の役割によるようです。

『信心銘《しんじんめい》』

著書を著さなかった僧璨ですが『信心銘』という詩集を残しています。『信心銘』は禅の真髄を示したものとして珍重され、禅思想史上でも重視されています。この『信心銘』がなぜ作られたのかというと、達磨以来の禅宗の真意を曲解した邪禅の徒が現れたので、これを正す必要が生じたこと、また、北周の武帝の仏教弾圧をはじめとする排仏論に対し、達磨禅の真精神を宣揚《せんよう》して、民衆を啓蒙しようとしたことと推測されます。

『信心銘』の内容はすこぶる幽遠《ゆうえん》で、特色としては「仏」の字を一字も用いず、純然たる真理として述べ、仏教的な臭みがありません。「至道」すなわち「まことの道」「悟り」とはどういうことか、どうしたら体得できるか、これを妨げている「迷い」とはどういうことかなどについて、懇切丁寧に述べています。相対的に物事を見ていては絶対に悟れないということを、繰り返し繰り返し述べています。全てを紹介することはできませんが、一部を紹介してみましょう。

相対観があってはならぬ

原文の現代語訳

まことの道（悟り）を体得することは、わけもないことだ。これを妨げるものは、えり好みをするというような相対観をもつことだ。つまり分別心を働かすことだ。再言すると、好きだ嫌いだという相対観さえ起こさなければ、真理は少しも隠れるところなく、はっきりと現れていることがわかるはずだ。この真理に対して、ごくわずかでも違い（相対観）

が起これば、この状態は天と地のようにかけはなれることになる。真理を自分のものとするためには、あくまで、自分の心に順《したが》うものを愛し、自分の心に逆らうというものを憎むというような相対観があってはならない。

ここに「まことの道（悟り）を体得することは、わけもないことだ。これを妨げるものは、えり好みするというような相対観をもつことだ。つまり分別心を働かすことだ」とあります。私たちの日常を振り返ってみれば、私たちは毎瞬間毎瞬間、ああだこうだと分別し、常に相対意識を持っています。私たちがこの地球上の現象世界に合わせている限り、これは避けられないことです。なぜならば、この現象世界は相対で出来上がっているからです。

私もハッと気づくと分別し、相対の中にいます。私がついた「日本で一番坐禅のできる禅僧」は、私に「あんたは意識の遊びが多いですわ」と助言してくれました。この「遊び」とは、分別意識や相対意識のことを言っている訳です。

ですから、悟りを体得するにはこの相対の次元を脱し、相対のない一相、絶対の次元に入らなければなりません。そのためには坐禅・内観・瞑想を利用しなければなりません。これは神が与えてくれた私たちへの贈り物です。

言葉や文字を乗り越える

この『信心銘』では、言葉や文字を乗り越える大切さも言っています。

原文の現代語訳

真理は何かということは、いくら多くの言葉を聞こうと、いくら考えようと、応答があるものではない（真理というものは、説明を聞けば聞くほど、考えれば考えるほど、ますますわからなくなるものだ）。言葉や思慮を乗り越えたとき、自由自在の道が開けるのである。

これは古今東西を問わず、どの聖者方も言うことです。言葉や考えは頭の次元（相対次元）のことであり、悟りの世界は頭ではなく、心の次元（宇宙次元・一相次元）のことです。ですから真理というものは、聞けば聞くほど、考えれば考えるほど、迷路に入り訳がわからなくなります。坐禅・内観・瞑想して心の次元に深く深く入って行くと、相対がなくなり、全てが一つであるとわかり、自分自身が仏（神）であるとわかります。

外に向いている心

『信心銘』では、次のようにも言っています。

原文の現代語訳

一瞬間でも、外部に向けていた心念を内部に向き返れば、二元相対の空を超越することができる。

私たちは朝起きてから夜寝るまで、心は自分の外に向いています。外を見て、忙しく外の刺激に反応しているだけです。意識を心の内に向けることなどはほとんどありません。

毎朝毎晩坐禅修行していた私の修行仲間でも、修行以外の時間は常に心が自分の外に向いていました。彼はどんなことがあっても、どんなに忙しくても、朝晩三十分ずつの坐禅を欠かしたことがありませんでした。しかし、彼はその時ついていた私たちの師に、坐禅以外の時間の散心についてよく注意されていました。これでは、何十生生まれ変わっても、何百生生まれ変わっても、宇宙の真理を知ることはできません。無駄に多くの生涯を過ごしているにすぎません。忙しい生活の中でも、少しでも意識を心の内に向け坐禅・内観・瞑想をすることが大切です。

相対でないから全て一つ

そして、末尾に近い箇所に、次のようにあります。

原文の現代語訳

真理の世界は、相手もなければ自分もない。即座に、この真如の世界を悟りたいならば、相対観に立つなと言うばかりだ。相対でないから全て一つであり、そこに包み込まぬものはない。世界中の悟りを開いた聖者たちは、みなこの原則に帰着する。

ここに「相対でないから全て一つであり」とあります。

この相対ではない、全てが一つであり、平等無差別の世界を見ると、人生観は今までとまったく変わり、生き方も変わります。禅の世界では、この体験を「見性《けんしょう》」といいます。「悟りの世界」「真理」を一瞬垣間見たということであり、「小悟《しょうご》」ともいいます。この小悟を何十回も体験すると「大悟《たいご》（真の悟り）」へ至るようです。全ての人がこの小悟や大悟の可能性を持っています。なぜならば、全ての人は悟れる可能性である「仏性」を平等に持っているからです。

この『信心銘』の後世への影響は大であり、引用文献も多く、唐代以後の詩人にも大きな影響を与えたとされています。

第四章

道《どう》信《しん》

つまらない師につく

道信の姓は司馬氏、蘄州《きしゅう》で生まれました。五八〇年に生まれ、六五一年に亡くなっています。道信は生まれながらに優れており、幼い頃から、前世からの因縁でもあるかのように、空《くう》を体得する坐禅・内観・瞑想を熱心に行じました。文献によりますと、道信は七歳で出家し、ある師匠に仕えたのですが、この師は戒律を守らなかったので、常に忠告したようです。しかし、受け入れられなかったようです。道信は、この凡庸な師に六年仕えたとあります。

なぜこのような素晴らしい道信が、このようなつまらない師に六年も仕えたのか不思議に思われるでしょう。

これは道信が、この師との過去世の絡みを清算したためかもしれません。あるいは、道信の今後の進歩に、ある意味どうしても必要な師だったので、神仏が与えたのかもしれません。

現代の聖者方は言っています。「初めは低級な師たちにつき、そして良書に巡り合い、最後には良師に巡り会う」と。

私は、約三十五年の修行期間に九人の師に指導を受けました。そして、その間に多くの良書に巡り合えました。真に悟った良師にはまだ巡り会えていませんが、今後出会えることを信じて修行しています。

しばりつけているもの

そして文献によりますと、十四歳になった道信は三祖僧璨《そうさん》に面会し、質問します。

原文の現代語訳

道信がやって来て、三祖僧璨を礼拝し、尋ねた。

「和尚。お慈悲をもって、どうか私に解脱の法門（悟りへの道）を教えて下さい」

僧璨が言った。

「いったい、誰がお前さんを（悟れないように）しばりつけているというのかね」

道信が言った。

「いや、誰もしばりつけてなどいません」

僧璨が言った。

「それならどうして、この上解脱（解放）など求めるのかね」

道信は、僧璨のこの最後の一言で大悟した。


この問答の中で道信は、自分を何かが縛り付けていて自由になれない、悟れないと思っています。師の僧璨は、道信が誰にも縛り付けられておらず、道信の本性は自由で、すでに悟っている（解放されている）仏性《ぶっしょう》そのものであると教えた訳です。縛り付けているのは、仏性に気がついていない無知の道信の意識だということです。

以来道信は、僧璨のもとに留まること九年、吉州に行って戒を受け、再び戻りました。死を数年後に控えた僧璨は、二十三歳の青年道信に、達磨《だるま》以来受け継がれてきた仏法を伝えました。

寝たことのない道信

それ以後の道信について、文献では次のように伝えています。

原文の現代語訳

昼も夜も坐ったままで横にならず、六十才をすぎても、横になって寝たことがない。見るからに偉大で神々しく、いつも眼をつぶっておられて、世間を見られないのが常であったが、たまに眼を開かれると、その眼光の鋭さに人はちぢみあがってしまった。ある日、道信大師が、この眼ではるか吉州を眺められると、狂賊が百日以上も町を包囲し続けて、町の井戸は涸れあがっている。それで道信大師は町に入り、人々にすすめて般若波羅蜜を唱えさせた。すると、狂賊たちは、自ら退却し、町の井戸水はまたあふれ出した。

「道信は六十才をすぎても横になって寝たことがない」とあります。

これを聞くと、現代の人々は誇張して記したのだろうと思うでしょう。しかしこれは事実だと思います。現代の聖者方も一、二時間横になって体を休めるだけであったり、ほとんど寝ないと聞きます。坐禅・内観・瞑想して、空（本源）の中に深く入ってしまうと、心も体も本当の休息をするからだと思います。

道元《どうげん》禅師も正師を求めて渡った中国の道場で、三年間横にならず坐ったままで過ごしました。少し眠たい時には、木で作ったあごを支える棒を使ったようです。真理を悟るためには、それくらい真剣にならなければ神仏も力を貸してくれないのでしょう。

道信の霊力

「大師は町に入り、人々にすすめて般若波羅蜜を唱えさせた。すると、狂賊たちは、自ら退却し、町の井戸水はまたあふれ出した」とあります。

これは道信の霊力あってのことでしょう。並の僧侶では、人々の境地を上げて、般若心経を使い、人々の隠れた霊力を顕現させることはできません。狂賊たちは訳もわからず、霊力に押され退却したのでしょう。

このように深く空の中に入ってしまうと、遠くの様子もわかりますし、現象を変えることも可能なのでしょう。これは道信に限った能力ではありません。真に悟った師であるならばできるようです。

南宗禅の始まり

唐の六二四年、道信が廬《ろ》山の頂上から、はるか蘄州黄梅《おうばい》県の破頭《はず》山を眺めると、紫色の雲がたなびいていました。道信はそこでこの山に住し、後に名を改めて双峰山としました。道信はこの双峰山に三十余年留まり、多くの人々を導きました。こうして禅が初めて南方農村地帯に伝播し、後の南宗《なんしゅう》禅の基盤が作られました。

皇帝に会いたくない道信

文献によりますと、次のような記述があります。

六四三年に、時の文武皇帝は、使いを双峰山に遣わし、道信大師を召して入内させようとしますが、道信大師は老齢を口実に行きません。

原文の現代語訳

勅使は帰って帝に奏しました。

「道信禅師は老齢を口実に参りません」

勅してさらに召させます。

勅使は道信禅師のところに来ました。

勅使がいいました。

「勅命によってそなたを召す」

道信禅師は幾度も老齢を口実に行くことを断わり、勅使に告げました。

「わたしの首がほしければ、どうぞ斬っていってください。参上する気はございません」

勅使は帰って帝に奏上します。

「首を斬られても、参る意志はないと申します」

勅によってさらに刀を隠し持ち、道信禅師の首をとりにゆかせました。

勅していいます。

「和上を殺してはならんぞ」

勅使は和上のところにきます。

「勅命によってそなたの首をとる。そなたは参るか、参らぬのか」

和上はいいます。

「参る気はござらぬ」

勅使はいいます。

「勅には、そなたが来ぬときは、首を斬って参れ、とある」

道信大師は首をのばします。

「斬りなさい」

勅使は一瞬にして刀をかえします。

道信大師は叱ります。

「どうして斬らぬ、いつまで待たせる気だ」

勅使はいいます。

「勅には、和上を殺すことは許さん、とあります」

道信禅師は大笑いします。

「そなた、私のような男の居ることがわかったであろう」


この後の話が、別の文献には紹介されています。皇帝はこの様子を聞いて、いよいよ道信への思慕の念を強くし、仕方なく五色の刺繍をした布を贈って、仏法に対する自分の志を示したといいます。

ちなみに僧に対して布を施すことを「布施《ふせ》」といい、古来、財施のうちの最上のものとされたようです。

当時も権力に近寄り、地位、名声、財貨獲得に熱心な僧侶が多い中、道信は違います。達磨、慧可《えか》、僧璨、道信と悟りの深い聖者方は、俗諦《ぞくたい》（現象・仮相・俗世）の中にいませんので、この世のものを実体なきものと見て、何にも執着せず重きを置きません。真諦《しんたい》（真理・実相）のみを見ています。

死後の奇跡

その後盛んに仏法を広め、あまねく法門を開いて各階層の人々を教化しました。傑物《けつぶつ》が四方より集まって来て教えを受け、帰依しました。三十年余り経って弘忍《こうにん》（または、ぐにん）がひとり師事して、その心を掴みました。道信は、法と袈裟《けさ》を弘忍に伝えてしまうと弟子に命じました。「山のそばに墓穴を一つ掘ってくれ、できるだけ早く仕上げろ」と。しばらくして尋ねました。「墓穴はできたか」と。弟子は答えました。「できました」と。

六五一年九月二十四日のこと、道信は何の病気もなしに、ひっそりと坐って入滅しました（坐終・坐脱）。七十二歳でした。この時大地が大動し、氛霧《ふんむ》四合したそうです。道信が墓穴を掘るように命じたのは、入滅する一カ月前のようです。

葬ってから一年が経ち、墓の戸が理由なしに内から開きました。道信は顔つきもきちんとしていて生前と少しも変わっていませんでした。

道信は顔つきもきちんとしていて生前と少しも変わっていなかったようですが、古今東西の聖者方にもこれと同じ現象が起きています。例えば、インドの聖者パラマハンサ・ヨーガナンダもそうですし、ヨーロッパのキリスト教の聖女ベルナデットも同じです。

坐禅こそ道のはじめ

この道信は、文献によりますと、いつも多くの弟子たちに勧めて次のように言っていました。

原文の現代語訳

つとめて坐禅にはげむことだ、坐禅こそ道のはじめだ。三年とか、五年の間ちゃんと修行をやり、わずかに飢えをふさぐほどの食物を手に入れるだけで、すぐに門をとざして坐禅せよ。経典を読むな。人と語るな。このようにすることができるなら、いずれはやがてものの役に立つのだ。あたかも、猿が栗の実の肉をえぐり出して喰らうように、そのままで底をきわめ尽くすだろう、こういう人は稀である。

ここに「坐禅こそ道のはじめ」とありますが、真理を探究するには坐禅・内観・瞑想に始まり、坐禅・内観・瞑想に終わります。仏教の創始者お釈迦様は、あらゆる苦行を捨て、坐禅・内観・瞑想により悟りを得ました。やってみればわかることですが、肉体をいじめるどんな苦行よりも、散乱する心を統一し、心の内に静かに、深く深く入って行く内観ほど難しいものはありません。すぐ壁にぶち当たります。なかなか結果も出ません。それでも毎日毎日コツコツとやります。するとある時、いわゆる「見性《けんしょう》」をします。これを「宇宙意識に至った」という人もいますし、「自分が元々悟っていたことがわかった」という人もいますし、「全ては一つであることがわかった」という人もいます。この空体験、合一体験は、その人のそれまでの人生の体験の中で最高のもののはずです。筆舌に尽くし難い至福感、高揚感、透明感、全一体感を味わいます。この状態のままで永遠にいたいと思うはずです。しかし、悟った正師は「それがスタート地点でもある」と言うでしょう。そこからまた坐禅・内観・瞑想が再び始まります。「三年とか五年の間……」とありますが、これは悟った正師についた上でのことです。正師は、三年、五年と言う人が多いようです。三年、五年坐禅・内観・瞑想すれば、少しはものになるのでしょう。

食と坐禅

「わずかに飢えをふさぐほどの……」とありますが、確かに正師は小食のようです。たらふく食べて、良い坐禅・内観・瞑想はしづらいのでしょう。食欲は人間の根本煩悩の一つですから、注意したほうがよいのでしょう。

古今東西の聖者方に大食漢はいません。また聖者方の中には、お釈迦様や親鸞聖人のように、出されたものは差別せずに何でも食べる人もいますし、肉食はせず菜食主義の人もいますし、何も食べずに空中から宇宙エネルギーのような物を吸収する人もいます。

私はある期間、牛肉、豚肉を多く食べた上で坐禅をしたことがあり、また牛肉、豚肉を一切口にせず坐禅をしたことがあります。その二つを比べてみると、食べた時には頭が朦朧《もうろう》とし、坐禅がしづらく、食べなかった時には頭がすっきりしていて、坐禅は快調でした。

また私は、二週間断食をしたことがあり、その時の坐禅は最高でした。

経典を読まず、人と語らず

「経典を読むな」は、達磨以来ずっと言われ続けていることです。経典は、それを読んで方向性を知るだけのことであって、執着するべきものではないということです。坐禅・内観・瞑想の実践で仏教を知れということです。

「人と語るな」は、現象に合わせるな、相対次元に入るな、人間べったりになって境地を落とすなということです。これは修行者の鉄則のようです。私は、師から初心者の頃、「他人と話してもよいから、引きずられるな、境地を落とすな、話しても境地を落とさない訓練をせよ」と指導されました。

後代の文献にも「粗末な食物で命をつなぎ、ぼろをつづって寒暑をしのぎ、ぽかんとして馬鹿か耳の聞こえない人のようにすごすならば、少しは親しいところがある。生死の中（輪廻世界、仮相世界、相対世界、この世）で、広く知識を学び、福を求め智を求めても、道理（真理）にとっては利益のないことで、かえって知解《ちげ》（思慮分別）や対象におしまくられて、生死の海にもどるだけだ」とあり、これらと同じことを言っています。

道信の主たる思想

この道信の思想について詳説している文献があります。その中で道信は、自らの教えを『楞伽経《りょうがきょう》』と『文殊説般若経《もんじゅせつはんにゃきょう》』によると言っています。特に『文殊説般若経』の「一行三昧《いちぎょうざんまい》」によることを強調しています。

しかし、真理を悟った聖者が、自分の教えをお経によるということはないでしょう。真理は一つしかないので、どの聖者が悟った教えも表現こそ違え、悟った内容というのは同じになります。ただ聖者によって個性、特徴、強調する点が多少違うということはあると思います。そういった特徴が、あるお経の内容に近いということだと思います。古今の仏教学者たちはよく「誰々の教えは、何々経による」という表現を使いますが、それは実践に踏み込んでいないが故の表現の仕方だと思います。

前述の「一行三昧」を紹介します。

原文の現代語訳

この「一行三昧」に入るには、静かな処にあって、乱れた心を捨て去り、対象の姿、形にとらわれず、心を一仏に集中し、ひたすらにその一仏の名前をよび、その一仏のいる方向に随って、身体を正しくして向かい、その一仏に意識をたえず連続させるとき、この一念の中に過去、未来、現在の諸仏を見ることができるのである。……そして、一行三昧に入るものは、ガンジス河の砂の数ほどの無数の仏と唯一の理法の世界（法界）とが、決して区別されるものでないことを知るのである。

また、道信が目指した「一行三昧」は、道信の言う「守一不移《しゅいつふい》」でなければなりません。「守一不移」とはどういうことでしょうか。同じ文献にあるものを紹介します。

原文の現代語訳

一つのものを守って動かぬというのは、以上のようにからりとして浄らかな眼で、よく気をつけて一つのものを見つめ、昼と夜の区別なしに、力いっぱい努めていつも動かぬことである。そして、君の心が散りそうなときは、急いでまたひきしめ、あたかも縄で鳥の足をくくって、飛び立とうとしても手もとにひきもどすように、一日中よく見守ることをやめぬなら、全てが消えつきて自然に心は安定するであろう。

『維摩経《ゆいま》』に言う「心を統一することが、悟りの場所である」と。

これこそ精神統一の方法である。『法華経』に言う「数えることもできぬほど遠い昔から、睡眠のとき以外はいつも心を統一し、そうした多くの努力のおかげで、もろもろの瞑想による安定を得ることができた」と。『遺教経《ゆいきょう》』に言う「五つの感覚器官は、心がその中心であるから、心をおさえて一つにたもてば、どんなこともできぬことはない」と。これらは、全て一つのものを守ることの証拠である。

……

一瞬一瞬に心を統一し、心と心が互いに一つにつながり、すこしも心の動くすきがなく、深い瞑想がとぎれぬようになって、おのずからに深い瞑想が実現されるのである。

これら「一行三昧」「守一不移」が、道信の主たる思想であるといわれています。「一行三昧」は、唯一なる法界の真理を観察する三昧の意で「一相三昧」とも呼ばれていますが、当時は本来の意味を離れて、実践しやすい単一な三昧として、天台、華厳、禅、浄土の各派を通じて関心をもたれたようです。道信の場合もその一つと見てよいと学者は言っています。道信は、ともすると禅宗史上軽く見られがちらしいのですが、そうではないと思います。だから道信は悟りが浅いということではなく、初心者にいろいろな方便を使ったということだと思います。

坐禅・内観・瞑想を実践している人ならよくおわかりだと思いますが、この「一行三昧」の説明は、初心者向けではあっても簡単なことではないと思います。「心を一仏に集中」するにも「対象の姿、形にとらわれず」なのですから。一仏を姿、形ではなく、波動や光としてとらえねばなりません。これは空（実相）の次元に入らねば無理です。「過去、未来、現在の諸仏を見る」とは、時間、空間を超えて、遍満している仏を見るということです。全てが仏であったと一相として見るということです。

仏とは自分の心

また道信は、同じ文献の中で次のように言っています。

原文の現代語訳

仏を思うとは、つまり自分の心を思うことであり、自分の心を求めることが、つまり仏を求めることである。

これは、僧璨章に紹介したお釈迦様の「自燈明《じとうみょう》」、道元禅師の「仏道をならうというは、自己をならうなり」、慧可の「仏とは、この心のことじゃよ」と同じことです。仏とは外に求めて礼拝するものではなく、内に求めて顕現させるものです。

初心者の坐禅の仕方

この文献の中には、道信が坐禅のやり方を、きわめて具体的に説いている箇所もあります。

原文の現代語訳

初心の者が坐禅し瞑想しようとするときは、ひとりで任意の場所を占め、まず身体をまっすぐにして正しく坐り、衣服をゆるめ帯をほぐし、全身をゆるやかにして、自分で身体を七、八回ほどゆり動かし、腹の中の余分な空気を吐き出してしまうと、やがて水がみなぎるように主体性を得て、透きとおるように静まってくる。

これは、坐禅・内観・瞑想する時の第一歩です。ここから悟りへの道が始まるのです。「身体をまっすぐに」とありますが、現代の聖者方も背骨をまっすぐ垂直にした方がよいと言っています。実践していると不思議に思うことがあります。始めはリラックスした姿勢で坐禅していても、坐禅が深くなると霊的力が働き、背骨が真っすぐに正されてくるのです。「正しく坐り」とありますが、結跏趺坐《けっかふざ》（両足を太ももの上に上げる坐り方）でもよいし、半跏趺坐《はんかふざ》（片足を太ももの上に上げる坐り方。お釈迦様はこの坐り方で悟った）でもよいし、一部のヒンズーの聖者のようにあぐらをかいてもよいし、後述の趙州《じょうしゅう》禅師のように椅子坐でもよいのです。

初心者は、毎日五分の坐禅から始めるとよいと思います。時間は一番リラックスできる時間、例えば寝る前の五分間とか……。慣れてきたら、そこから少しずつ坐禅の時間を伸ばしていけばよいと思います。慣れてきても四十分とか一時間とかが経過したら、一度やめて立ち上がり、少し歩いたりした方が健康のためにはよいでしょう。禅寺では普通四十分間坐禅すると、三分くらいの歩きを入れます。しかし、深く良い坐禅に入って来たら、時間に関係なく坐禅を続けてもよいでしょう。そういう場合は、神仏のお陰か、体に不都合は生じません。坐禅中にトイレに行きたくなったら、我慢しないでトイレへ行ってください。

坐禅をする前には気分は良かったのに、坐禅を始めたら気分が悪くなることもたまにありますが、そういう時は坐禅を中断したり、やめた方がよいと思います。

また、寒い時は体が冷えないようにし、暑い時は体が涼しくなるように工夫して坐禅してください。道元禅師も「寒い時には、藁《わら》を敷いて暖かくしてやりなさい」というようなことを言っています。

坐禅する時は、心の中にある不安、心配、恐怖、悲しいこと、苦しいこと、嫌なことなど、全てのマイナス的な感情や思考を、創造主や神仏などに一時お預けして、無心、無我になり、心底ゆったりした気分で行ってください。坐禅というものは、よくガチガチの精神統一と誤解されがちなのですが、そうではありません。坐禅というものは、ゆったりした気分になり、心を宇宙いっぱいに広げ、完全に自分を解放するものだと思います。

私が住職をしている時に、信者さんから「坐禅は解放ですか、集中ですか」と聞かれたことがありました。私の体験から言いますと、解放から入って行っても、集中から入って行っても、結果は同じでした。どちらでも見性体験はできます。全てを捨て去り、自己を開放し、無心で坐禅・内観・瞑想しても、内なる仏（神）に一心集中しても、どちらでも核心に近くなれば、内なる仏（神）や外なる仏（神）のご加護、援助があり、自然に核心にピタリと一致し、真理に行き着くのです。これは不思議なことなのです。

また、坐禅修行上の大切なポイントも説いています。

原文の現代語訳

（初心の者が坐禅しようとする時は、次のように観察するのだ）

あらゆる存在について、それらがもともとからりと静かに落ちついていて、生まれもしなければ滅することもなく、全てが一様で対立がなく、はじめから、何の存在するものもなく、究極的にひっそりと静まりきっていて、もともとさっぱりと解放されていることを、とくと観察するのである。……われわれの存在は、はかることもできぬほど遠い昔から今まで、つまるところは生まれたこともなく、これから先もずっと、つまるところは死ぬ主体がないのである。もし、いつもこうした観察を続けることができるなら、それこそ真実の懺悔である。宇宙の歴史を千万倍するほども長い間に、積もりに積もった重い悪行の習慣性も、すぐに自然に消え去るであろう。もっとも、それを本当かどうかと疑って、純なる信心を起こすことのできない人は別である。そんな人は悟りをひらくことができない。もし、純なる信心を起こして、右にいう実践に進む者は、ものは全て限定されることがない（無限）という、正しい理法の世界に入れぬわけがないのである。

さらにまた、ひょっとして心が異常な状態を導き、ある種の感覚などが起こる時は、すぐに当の起こって来たものが、つまるところは起こりようのないことを観察するのだ。そうした心が一時起こるとしても、それは十の方角などという外部のどこから来たのでもないし、どこかに行くわけでもないのである。いつもそうした対象化の意識とか、大小の感覚とか、気まぐれな想念とか、幻想とか、とりとめもない意識、もしくは散乱した心が、もともと起こりようのないことを観察するなら、すぐに君は大きな落ちつきを得るだろう。

以上のように、坐禅・内観・瞑想して空の次元に入って行けば、自分の心は生まれもせず、滅しもせず（不生不滅）、始めもなく、終わりもない（無始無終）ということがわかります。自分の心は無限で、心というものは一つしかないとわかります。

そしてこうした坐禅・内観・瞑想を続ければ、過去世からの悪習、悪業も消え去ります。達磨の『二入四行論《ににゅうしぎょうろん》』で紹介しましたように、過去世の悪業を消す最良最短の方法は、「一なるところ」に落ち着く坐禅・内観・瞑想です。

しかし、多くの人がそれを疑っているようです。生まれてから死ぬまで、俗諦（仮相・現象）の中に浸りきりですから、真諦（空の次元・実相・真理世界）など信じられないようです。ですから、真理世界の中に入りたいなどとも思うはずもありません。ですからその結果、悟りを開いた聖者は少ないということになるのです。

私は偶然電車の中で、高校時代の親友に遭遇したことがありました。彼とは久しぶりに会ったので話も弾みました。彼は私が仏教の修行をしていることを聞いていたらしく、「君も暇な男だな。仏教をやっているなんて」と言いました。このようにこの現象世界では、真理を悟りたいと思う人間は、変人扱いされるのだなと思いました。その星の住人が、全員悟っているという星もあるというのに……。

天台大師の罪の業《ごう》の解消法

天台智者大師智顗《ちぎ》（五三八～五九七、天台宗の開祖）は「大乗の修行者は罪を懺悔しようとする時、必ず真理（実諦《じったい》）を観察すべきである。もし真理をみるなら、もろもろの罪は全て除かれる……つまり、限りなき昔からのもろもろの罪はことごとく滅すると知るべきである。たとえば千年も塵に汚れた鏡も、ひとたび衣で拭う時、その鏡はすぐにきれいになり、もろもろの塵は全てつき、何のあますものもないようなものだ」と述べています。

このように、中国の坐禅・内観・瞑想の二大潮流の祖である偉大なる聖者達磨と智顗が、過去世からの業の解消の仕方を同じように説いているにもかかわらず、多くの人はそれを信じられないようです。

見たものにとらわれない

また修行者の陥りやすい点の指摘があります。坐禅・内観・瞑想中にいろいろ見えたり、見ることを期待したり、見えたことで優越感に浸ったりということです。坐禅・内観・瞑想して、さまざまな不思議を見ることはよくあることです。これはその人が見たいものを見ていることもありますし、低いものを見せられていることもありますし、正しいものを激励として見せられていることもあります。しかし正しいものを見ていても、それに執着したりとらわれたりしてはいけません。初心者の場合は特に、見たものに執着したりとらわれたりすると、本来の目的や方向性を見失ってしまうことがあるので、十分注意しなければなりません。

この四祖道信の後継者五祖弘忍は「ある時は心にさまざまの善悪の境地が現れ、ある時は青、黄、赤、白などのさまざまの三昧に入り、ある時は身体から大光明を発したり、ある時は聖者の姿を見たり、あるいは種々の変化を見るかもしれぬが、ただ心を統一してとらわれることのないように心得よ……」と述べています。

私も同じような体験があります。青い光と緑の光のサークルの中で素晴らしい坐禅を体験したり、ハートの周辺から外に向かって白光が発せられるのを見たり、眉間に青い炎を見たり、仏教、キリスト教、ヒンズー教、神道の聖者の姿も見ました。私はそれらを私に対する激励としてとらえ、決してそれらにとらわれることのないように注意しています。

このように、不思議なものを見てもとらわれることなく、相対の次元を通り越し、絶対次元に入って行き「一なるもの（宇宙の本源）」を感得できるようになるのが理想だと思います。

師について

また、修行者の師となる人に関して述べてあります。

原文の現代語訳

また、ある種の人々は、究極的な理法を知らず、名声や利益の為に人々を指導し、相手の素質や条件のよしあしを知らず、相手に何か普通でないところがあるようだと、たちまち容易に印可《いんか》（師僧が弟子の悟りを証明すること）したりする。まったく以て気の毒なことであり、さらにさらに大変不幸せである。また、彼は相手の心境が、少しでも明るく清らかなようだと、やたらに印可を与える。こういう人は完全にお釈迦様の教えをそこない、自らあざむくとともに、世の人をあざむくものである。

昔も今も、ことさらに世の指導者となるのを好み、多くの弟子を持つという名利のために法を安売りする（すぐに印可を与える）師が多くいます。ですから、師を選ぶ時には十分な注意が必要です。

第五章

弘《こう》忍《にん》

名前は仏性《ぶっしょう》

弘忍（または、ぐにん）は俗姓を周といい、黄梅《おうばい》県の人です。隋の六〇一年に生まれ、唐の六七四年に七十四歳で亡くなりました。この蘄州《きしゅう》黄梅県は、山に黄梅が多いことからこの名が出ているようです。黄梅という木は梅と咲く時期が同じで、香りも梅に近いことからその名がありますが、梅類ではないようです。黄梅は弘忍の別名ともなりました。

古い文献には、弘忍は幼年に出家し、十二歳で道信《どうしん》に仕えたとありますが、別の文献には、ある日道信が黄梅県に往き、路で一人の子どもに会って次のような問答をしたとあります。

原文の現代語訳

道信が声をかけた。

「何という名だね」

子供が答えた。

「名前はあるけど、ふつうの名前じゃないよ」

道信が尋ねた。

「ほほう。どういう名かね」

子供が答えた。

「仏性だよ」

道信が尋ねた。

「どうして、ふつうの名がないのじゃ」

子供が答えた。

「名前なんて虚妄皆空のものでしょう」


そこで道信は、この子どもの言葉にただならぬものを感じ、すぐに侍者《じしゃ》（弟子の僧）を子どもの家に行かせて、出家させて欲しいと頼みました。すると、子どもの父母も宿世の因縁と考えて、子どもの出家を簡単に承諾し、道信の弟子としました。道信はこの子どもに弘忍と名付けましたが、やがて弘忍は、道信の付法伝衣《ふほうでんね》をうける（後継者になる）までになりました。

熱心な修行

この弘忍の少年、青年期の様子や修行時代に関して、いろいろと記録があります。ある文献には次のようにあります。

原文の現代語訳

生まれながら言葉が少なく、口が重く沈みがちであったから、仲間達はこぞって彼を軽んじからかったが、最後まで黙ったままで言葉をかえすことがなかった。平生つとめて労役に服し、体を低めて他人にゆずったが、道信禅師は、特にその人物を認めた。彼は、昼は先生の走り使いの役に身をかくし、夜になると坐禅して翌朝に至り、かつて怠ることがなく、きわめて熱心に年を重ねた。道信禅師は、平生ことに気をつけて導いたので、からりとみずからめざめるところがあった。彼は経論を読むことがなかったにもかかわらず、学べば全て内面的に理解した。

古今東西の聖者方は、弘忍と同じように普段は口数が少なく、真理を語る時だけ雄弁になるようです。インドの聖者方も、弟子たちがおしゃべりし過ぎることを注意していたようです。私がついていた師たちも、これと同じアドバイスをしてくれました。ある師は「そんなにおしゃべりばかりしていて、口から無駄にエネルギーを放出してはいけない」と。またある師は「おしゃべりなど、かしましいシンバルにすぎない」と言っていました。

ここに「夜になると坐禅して翌朝に至り」とありますが、昔も今も聖者方は、人々が眠っている時に好んで坐禅・内観・瞑想するようです。

それは、人々が眠りにつくと波動が静まり、坐禅がしやすくなるからです。人間一人をとってみてもそのエネルギーは大変なものです。一人の人間が煩悩に基づきあれこれ考え行動すると、凄まじいエネルギーが放出されます。それが何十人何百人何千人と集まると、莫大なエネルギーになります。そのエネルギー波動は、坐禅・内観・瞑想する修行者にとってはマイナスに働くようです。現象を生きている人々の波動は現象的、相対的であり、坐禅・内観・瞑想する修行者は、その波動に巻き込まれないように高次元の実相を目指します。どんな人でも坐禅・内観・瞑想を経験してみれば、周囲の人々が寝静まる時、周囲の波動が静まり、坐禅・内観・瞑想しやすいことがはっきりとわかります。

ここに「彼は経論を読むことがなかった」とあります。

これは達磨《だるま》以来の傾向です。師の法話や先輩から経論の概要は、耳を通して入って来ているでしょうから、特に読まなくてもよいのだと思います。坐禅・内観・瞑想していけば、経論の内容はわかってしまいますから、そのほうが早いということなのでしょう。

空《くう》を楽しむ

別の文献には次のようにあります。

原文の現代語訳

父親は彼の幼い時に亡くなり、彼は母親に対する孝行ぶりで評判になった。七才で道信禅師に師事し、出家してからは、双峰山の幽居寺にとどまっていた。彼の生活態度は寛容であり、胸中わだかまりがなく純粋で、よしあしの問題に対しては口を閉ざして言わず、ものが本質的に空であるという心境を楽しんだ。彼は労働に励んで奉仕したので、道の仲間達は、そのお陰で日々の生活に事欠かなかった。彼はまた、坐禅・内観してひたすら全身の力を尽くし、ひとりずば抜けた内省に達していた。彼にとって、歩いていることも、立ち止まっていることも、坐っていることも、臥していることも、全てのふるまいが真理の場所であり、行動と言葉と内心の動きの全てが、みな仏法の生活であった。思うに、彼にとっては、静けさも乱れも別のことではないし、語る時も語らぬ時も、いつも統一を失うことはなかった。

ここに「よしあしの問題に対しては口を閉ざして言わず」とあります。良い悪いと判断するのは相対な訳で、一相を目指す仏教とは相反します。相対に陥ると、どこまで行っても相対から出られず、一相には至ることができません。一相になると真理が見えてきます。

身口意《しんくい》の三行

またここに「行動と言葉と内心の動きの全てが、みな仏法の生活であった」とあります。これは仏教でいう「身口意の三行」が完璧だったということでもあります。

「身口意の三行」とは、人の身体を害さない（身行）、言葉で人を害さない、悪口を言わない（口行）、心の中で人を悪く思わない（意行）の三つです。

この「身口意の三行」は、修行者にとっても、そうではない一般の人々にとっても大切な生き方です。この「身口意の三行」を行うと、魂は著しく発展するそうで、どの聖者もこれを勧めています。

私は、この「身口意の三行」を守らなかったために、痛い体験をしたことが数多くあります。

私が若い頃、ある有名な宗教家が宗教書を出していました。私はその本を購入して早速読んだのですが、その内容に満足できず、腑に落ちない点が多かったので、その著者に対して批判の手紙を書きました。すると手紙の返事は帰って来ませんでしたが、それからというもの一～二週間ひどい頭痛がしたりなど、体調が優れませんでした。私は、その著者の大いなる怒りに触れたのだとすぐにわかりました。自業自得といえばそのとおりなのですが、口と心を整えないと修行は進みません。

常に口や心を厳重に自己管理しておかないと、いくら坐禅・内観・瞑想しても、それによって得られるプラス面が失われてしまいます。

世俗をたち切る

四祖道信の後継者となった弘忍のもとへ、その名声を聞いて貴族たちがこぞって集まり、一日ごとに数が倍も増えて、十年ばかりの間に出家僧と在家者を合わせてその教えを受けた人々は、国中の修行者の八十~九十パーセントに達したといわれています。中国の禅の指導者がその教えを伝えてから、こういうことは未曾有のことであると文献には記されています。

他の文献によりますと、この弘忍に向かってある人が「道を学ぶのに、どうして都市や村もしくは集落でやらないで、山の中でやらなければならないのですか」と尋ねました。弘忍は「精神を奥深く静かな谷間にとどめ、やかましい俗塵をはるかに逃れて、本性を山の中に育てて、すっぱりと世俗のことをたち切ることが大切である。目の前に一物もなくなってこそ、心は自然に安定するのであって、ここから次第に悟りの樹は花を咲かせ、瞑想の森は果実を結ぶのである」と答えました。

当時、修道者は都城にあって多く門下を擁するものと、ひとり山中に幽居するものとの二派に分かれていました。『法華経』には、「修行の場所及び親しみ近づくべき所を選ぶべきであるとして、国王、王子、大臣……などと離れていなければならぬ」とあり、「つねに坐禅を好んで静かな処にあり、その心をおさめよ」と言っています。達磨の嵩山《すうざん》、天台大師智顗《ちぎ》の天台山など、禅観（内観）の実践者は山にこもりました。権力に迎えられ、都の大寺に住してちやほやされることを拒否しました。

ここに「修行の場所及び親しみ近づくべき処を選ぶべきである」とあります。

古今の聖者方は、街中を避け山中にこもる人が多いようです。なぜかというと、街中は、仏教でいう煩悩渦巻く「濁世《じょくせ》」であり、現象利益追求の相対世界だからです。波動は重く沈滞しています。そしてこの波動はとても強力です。現象に生きると決めた人はこの波動の中にいても平気ですが、宇宙の真理を求め修行すると決めた人にとって、この波動は重く苦しく、修行の妨げになります。ですから修行者の多くは、波動の良い山中を選び、修行を進めるのです。

修行が進んでくると、波動というものに敏感に反応するようになります。生活する場合もそうですが、坐禅・内観・瞑想する時は、とても波動に敏感になり、その影響を受けます。ですから修行の場所、及び親しみ近づくべき処を選ぶべきなのです。

ある聖者は、時々ニューヨークの街中に姿を現すようですが「ニューヨークの波動は、とても重苦しく不愉快だ」というようなことを言っているそうです。

禅の聖者の中には、悟った後でも、続けて山中で弟子を指導する師もいれば、悟った後街中に出て、人々を指導する師もいます。悟った聖者には役割があるようで、街中で多くの人々を導くという役割の師もいるようです。インドでも、ヒマラヤの方に行って指導する師もいれば、街中で人々を導く師もいるようです。

修行者が悟る場所に関しても、波動の高い山中で悟る人もいれば、街中にいる悟った師のもとで悟る人もいます。正しく悟った師がいる場合には、その師の高い霊的波動の中で守られるので、街中でも悟ることができるようです。

またここに「国王、王子、大臣……などと離れていなければならぬ」とあります。お釈迦様も道元《どうげん》禅師も古今東西の聖者方も、同じことを言っています。

相対次元の現象世界で、より良い生活や名声や地位を得ることを人生の目標としている場合には、国王や大臣や地位の高い人々に近づくということになるのでしょう。そうではなくて、相対次元の現象を捨て、宇宙の真理を体得したいと思う修行者は、高次元の実相世界に生きる訳ですから、国王や大臣に近づくのではなく、神や聖者に近づかなければなりません。

今世を現象に生きるか実相に生きるかは、どちらが良い悪いではなく、各人が希望する方を選べばよいと思います。

また「達磨の嵩山、天台大師智顗の天台山」とあります。

このように聖者方が選んだ山は、今でいう、いわゆるパワースポットです。そういう波動の高い山を選び、弟子たちとともに坐禅・内観・瞑想をするのです。

私が初めて見性《けんしょう》した場所は、日本一の霊峰富士山の麓でした。ですから坐禅・内観・瞑想する修行者は、波動の高い山中を選ぶとよいのだと思います。

東山《とうざん》法門

この弘忍の教えは、文献によりますと、不可思議な教えと言っています。生まれてから死ぬまで、仮相であるこの現象を生きている人々には、現象を超えて実相である真理に入って行く教えは、不可思議であるのだと思います。しかしこの弘忍の教えは、わかる人々には尊敬を受け「東山の清浄《しょうじょう》な法門」と呼ばれました。大都会の出家、在家の人々が「蘄州の東山には、完全な悟りを得た人が多い」と褒めたたえたので、それで「東山の法門」と呼ばれるようになったようです。修行者たちは、次々に個人指導を受け、からっぽで弘忍のところに出かけても、たっぷりと満たされて帰る者が月に千人を超えるほどであったそうです。

弘忍は奇跡も起こしたようで、文献には次のようにあります。

原文の現代語訳

当時、反乱軍の将軍可達寒《かたつかん》らが、饒州《じょうしゅう》の町を幾重にも取り囲んで、入るにも路なく、鳥も飛んでは行けないほどでした。弘忍大師は遠くからそれを知って、この町にやって来ました。すると、賊は総くずれとなり、互いに言い合いました。「大勢の金剛力士が杵を持って、われらを追いかけ、目をむき歯をくいしばっている。われらはやっと逃げ出して来られた」と。そこで、弘忍大師は馮茂《ひょうも》山にひきかえしました。

弘忍は六七四年二月、弟子に命じて墓塔を建てさせました。弟子は門人とともに天然の方石を運び、美しい塔を造り上げました。十四日になって弘忍が「塔はできたか」と尋ねると「はい、できあがっています」と弟子は答えました。すると弘忍は「二月十五日は仏陀入涅槃の日だから、自分のようなものが同じ日に入滅するべきではない」と言い、あえて十六日を選び、その日の正午に南に向かって坐禅を組み、禅定に入り、目をふさぐとそのまま入滅したと伝えられています。

遠く一字を看よ

弘忍の教えはどういうものであったのでしょうか。文献の中で次のように言っています。

原文の現代語訳

「君たち、坐禅する時は、水平なところに身をただして正しく坐り、身も心ものびのびとひろげ、はるかに視野の果てるあたりに、一という字を見つめることだ。必ず進歩があろう。もしまた初心者で、対象的なとらわれが多くて困る人は、とりあえず心の中で一という字を思い浮かべよ。

心が落ち着いたのちに坐っていると、その境地はあたかも広い野原の中で、はるかに一つだけとび出た高山にいて、頂上の地面に坐り、四方はるかに眺めまわしても、どこにも限界がないようなものである。坐禅の時は、世界いっぱいに身も心ものびのびとひろげて、お釈迦様の境地を味わうのだ。お釈迦様の浄らかな真実の主体は、どこにも限界のありようがない。君の心境もやはりそれと同じである」

これは初心者に向けての教えです。弘忍の教えたこの「遠く一字を見よ」という坐禅法は、弘忍の師である道信が「一を守って移らず（守一不移《しゅいつふい》）」と教えた観法をいっそう具体的にしたもので、初心者にとっては実践しやすいものです。意識を「一」に集中し尽くせば、見られる「一」もなく、見る私もなくなります。

心を守る

また弘忍著の『修心要論《しゅうしんようろん》』といわれるものがあります。しかし実のところは、弘忍の弟子が、師弘忍の所説を集めたものであろうといわれています。ですから、この『修心要論』の中にも弘忍の教えは出ているはずです。

この『修心要論』の説くところは「守心《しゅしん》」「守真心《しゅしんじん》」「守本真心《しゅほんしんじん》」です。これらの言葉は『修心要論』の中に何回も出てきます。その中で、次の一句こそが全篇の眼目です。

原文の現代語訳

仏法の容義を知ろうとするなら、心を守ることが第一である。この心を守るということは、悟りへの根本であり、仏道に入る大切な門であり、一切の経典の言わんとするところであり、過去、現在、未来にいらっしゃる覚者がたへ至るもとである。

師の道信が「守一不移」と言ったのを、弘忍は「守心」と言いました。結局のところ二人とも、達磨の教えと同じことを言っている訳です。初祖達磨、二祖慧可《えか》、三祖僧璨《そうさん》、四祖道信、五祖弘忍と、皆同じことを言っています。各師に個性の違いがあり、表現が多少違ってきますが、坐禅・内観・瞑想という実践から出たものですから、体験として同じ結果を得るのは当然です。

私が仏教寺院の住職をしていた時に、よく寺の役員や古参の信者さんたちの集まる機会がありました。ある集まりの時、地元の文化人の信者さんから「住職は、大学院でどんな論文を書いていたのですか」と聞かれたことがありました。私はそれに答え、その時仏教を紹介するよい機会だと思ったので、修士論文で扱った弘忍の『修心要論』の内容をわかりやすく説明してあげました。そこにいた人々は、半分わかったような、半分わからないような顔をしていました。その中の古参のちょっとひねた信者さんに「住職が説明してくれた内容は仏教なんかじゃないよ。仏教というものは、亡くなった先祖の霊を供養して、霊を慰めるものだよ。仏教は死者のためにあるものだよ」と言われてしまいました。私はその信者さんの言葉に返す言葉もなく、途方に暮れてしまいました。

中国禅でも仏教全般でもその他の宗教でも、教えというものは死者のためではなく、私たちがより良く生きるためのものとして存在しているのです。このことを誤解している人々がとても多いように思います。この信者さんの言っていることは仏教ではなくて、先祖供養ということなのです。

弘忍には、多くの優れた弟子たちがいました。しかし、神秀《じんしゅう》の北宗《ほくしゅう》禅と慧能《えのう》の南宗《なんしゅう》禅の二派に分かれていきます。

第六章

慧《え》能《のう》

利口な子ども

慧能の父は姓を盧《ろ》氏といい、母は李《り》氏といいました。文献によりますと、この母は、ある夜庭に白華が競い咲き、白鶴二羽が舞い、異香が室に満ちる夢を見て懐妊しました。そして唐の六三八年二月八日午後十二時に慧能は生まれました。慧能が誕生した翌早暁、二人の僧がやって来ました。そして父親に「夜に子どもが生まれて名前を付けようとしているそうだが、それなら上を恵、下を能とするがよい」と言いました。父親が「なぜ恵能と名付けるのか」と問いますと、僧は「恵とは、法の恵みをもって衆生を済《すく》い、能とは、能《よ》く仏事をなすためだ」と答え、言い終わるといずこへか去ってしまいました。古い文献は「恵能」といい、後に「慧能」として一般化されたようです。慧能は生後母乳を飲まず、神人の灌《そそ》ぐ甘露で育ったそうです。

父親は左遷させられて、文献によりますと、六二〇年九月に嶺南《れいなん》地方に流され、新州で農を営んでいました。そのために慧能はそこで生まれました。しかし父親は、慧能が三歳の時に亡くなりました。そこで慧能は、母親とともに南海の地に移り住み、毎日薪《たきぎ》を売って細々と生計を立てていました。

幼少期の慧能は、文献によりますと「生まれつきの善い習慣は、子どもの頃の遊びにも表われ、利口な才覚は、子ども心にも発揮され、自分の利益のためだけにすることなく、農民たちの仲間に入って、それにとけこみ、道理にかないさえすれば、蛮民の土地へ行って、なまぐさいこともいとわず、人々から慕われた」とあります。慧能は幼い頃から聡明で、あらゆる環境に適応しうる豊かな順応性を持っていたようです。

別の文献には「大勢の中にいても、泰然として、仏道への志が高かった」とあり、また他の文献には「純心で心は広く、智恵がすぐれ、野蛮な未開地にあっても、悪習に染まることがなかった」とあり、純粋高潔な性格であったことが紹介されています。

子どもの頃のこのような性格は、後に未開の南方で説法教化するに際し大いに役立ち、蛮風をいとわず、蛮風に染まらずであったのでしょう。

『金剛経』との出会い

老母と慧能は、家の中には何もなくなるくらいの貧乏を耐え忍び、町に薪を背負って売り歩き、かろうじてその日の糧を得ていました。

ある日、慧能が町に出て薪を売っていると、客がやって来て薪を買い、それを官営の宿駅まで運ぶように頼みました。慧能が宿駅で代金を受け取って門の外へ出ると、一人の男が『金剛経』を誦《よ》んでいるのに出会いました。それを聞いた途端に、慧能は悟りを開いてしまったのです。これは、慧能が二十四歳の時という説もあります。

慧能はこの男に、どこから来てどうしてそのお経を持っているのかと問いました。すると男は「私は、蘄州黄梅県《きしゅうおうばいけん》の東憑母山《ひょうもさん》から来ました。そこでは禅宗五祖の弘忍《こうにん》大師が、弟子一千人に禅を説いていらっしゃいます。私も弟子の一人です。弘忍大師は、在家や出家の人々に、この『金剛経』をすすめ、これを読みさえすればただちに自分の生まれつきの本性に目覚め、仏になることができると説いていらっしゃいます」と教えてくれました。

やがてある客が銀十両を出してくれ、慧能はこれを母の生活費に充て、母の身辺についての手配も済ませ、いよいよ弘忍大師を訪ねることになります。

ここに『金剛経』を聞いた途端に悟ってしまったというくだりがありますが、一度も坐禅をしたことがない人間が悟りを開けるものでしょうか。いくつかある文献の中には出ていませんが、慧能は必ず以前より坐禅をしていたはずです。慧能は中国禅宗史上、達磨《だるま》とともに最高級の深い悟りを得ていたと、坐禅をする人々の間でいわれてきました。当然子どもの頃より坐禅・内観・瞑想していたでしょう。またこの段階の聖者になりますと、坐禅・内観・瞑想中に悟るという常識を覆《くつがえ》し、何回も悟った過去世を思い出すだけでパッと開けるのかもしれません。『金剛経』が思い出すきっかけになったのかもしれません。

また、弘忍大師が「『金剛経』を読みさえすればただちに自分の生まれつきの本性に目覚め、仏になることができる」と言ったとありますが、禅宗は達磨大師以来「不立文字《ふりゅうもんじ》」で「お経を読むな」という傾向にあります。坐禅・内観・瞑想して悟れと言います。ここは「とても良いお経だから読んでおけ。本性に響き境地がぐんと上がる」くらいに解釈すべきでしょう。文献には誇張もあり、著者の主張なども入ってきます。

仏性問答《ぶっしょうもんどう》

こうして慧能は弘忍大師を訪ねることになりますが、この時の慧能の年齢は、文献によって異なり二十二歳、三十二歳、三十四歳とさまざまです。

慧能が訪ねた五祖弘忍は、この時六十歳でした。この初相見（初対面）の際に、慧能と師弘忍の間に交わされた「仏性問答」は『六祖壇経《ろくそだんぎょう》』によりますと、以下のようです。

原文の現代語訳

弘忍は問われた。

「お前はいったいどこの者なのか。この山に私に会いに来て、私のところで何が欲しいというのか」

慧能は答えた。

「私は嶺南の新州の平民でございます。はるばると師にお目にかかりに参りました。ただただ仏になりたいだけで、ほかのことは望みません」

するとと弘忍は言われた。

「お前は嶺南の人間で、その上獦獠《かつりょう》（北方の人が南方の人をいやしめていう語。獦は獦狚《かつそ》として使い、狼に似た獣をいう。獠は中国の西南地方に住む少数民族の名）だ。どうして仏になることができようか」

そこで慧能は申し上げた。

「人間には南と北の区別がございますが、仏性にはもともと南北の違いはございません。獦獠という身分は和尚と違いますが、仏性にはどんな差別がございましょうか」


この素晴らしい慧能の言葉に感嘆した弘忍は、さらに深くともに語り合おうと思ったようですが、多くの修行者が左右にいたため、慧能にこれら修行者に随《したが》って作務《さむ》（修行の一環としての労務）をするように命じました。慧能はこの仏性問答によってその力量を認められ、弘忍の門に入ることを許されたのです。そして、慧能は八ヶ月間米つき部屋で碓《うす》を踏むことを命じられました。

米つき

文献によりますと、この八ヶ月間の碓踏みはとても大変だったようです。慧能は小柄で身が軽かったので、自ら大石を腰に結び付け、碓を踏むのに重量が加わるようにし、そのためにかえって自分の腰と脚とを痛めてしまったようです。立ち寄った弘忍が「お前は碓を踏んでいて、腰と脚とを痛めてしまったようだな。痛めたところはどうだ」と問うと、慧能は「私は、自分に身体があることを見ていません。身体がないのに、誰が痛いなどと言うのでしょうか」と答えました。これは鏡に映る肉体の自分を自分と見ていないで、仏性を自分と見ている訳です。この八ヶ月間慧能は、碓房で米つきをしながら、弘忍の説法の際には、その座に列し聴聞していたようです。

そして、慧能の碓房生活が八カ月余り経った頃、弘忍は慧能に目を留めて「私はお前の見所《けんじょ》はものになると思うのだが、よからぬ者がお前を殺しはせぬかと心配して、今日までお前と口をきかなかったのだ。気がついていたか」と言いました。すると慧能は「私にも師のお心はわかっておりましたので、お部屋のあたりに参ることは控えて、人に気づかれぬようにしておりました」と答えました。悟りを目指して集まって、日々心の修行をしている人々の中にも、妬みや嫉みがあるようです。

神秀《じんしゅう》の偈《げ》

弘忍はこの頃自分の死期を知り、第六代の後継者を、詩偈《しげ》に盛り込まれた悟りの内容を競わせて決めることにしました。弘忍はある日、全ての弟子たちを呼び寄せて、「私はいつも君たちに説いてきかせていた。世の人々にとって、生死のこと（輪廻、迷いからの脱出。悟り）こそ最も重大事であると。それだのに君たちは、一日中供養（仏法僧の三宝、あるいは死者の霊などに食物その他のものを捧げ、その功徳の回転を期待するもの。これには堂舎の装飾などをする敬供養と、読経礼讃などをする行供養と、飲食衣服などをすすめる利供養の三種がある）ばかりして、ひたすら福徳を得ようと望むだけで、肝心な生の不安や死の恐れという人間の限りない苦悩の問題を解決しようとしない。自己の本性を見失ってしまっては、福などどうして求められよう。君たちは自分で自分をよく見てみることだ。そして智慧でもって、自己の本心である般若（空《くう》）の本性をつかんで、各自一篇の偈を作って私のもとに提出してみよ」と言いました。

これは当時の僧侶や一般の人々、そして現代の僧侶や一般の人々の間違いをも指摘しています。

私が寺院の住職をしている時に、一般の人々によく「仏教というのは何をするものですか」「何をするのが仏教なのですか」と質問されました。私は前述の内容を答えました。すると皆「生まれて初めて知りました。仏教とは供養することではなくて、そんなに大事なテーマを扱っているのですね」と驚いていました。

私がある時、旅行先で立ち寄ったお寺の掲示板に「仏教とは、お釈迦様の教えを守り、お釈迦様がした修行と同じ修行（坐禅・内観・瞑想）をし、お釈迦様と同じ境地（精神的・霊的に同じ段階、涅槃《ねはん》）に至ること」とありました。このことが仏教や宗教の本旨なのです。

師弘忍の命を受け、人々は互いに言い合いました。「我々大衆は、心を清く澄ませてわざわざ偈をつくる必要がない。神秀上座《じょうざ》（神秀という第一の弟子）がいま現に教授師でおられるのだ。きっとあの方が後継者になられるであろう。我々がやたらに偈頌《げじゅ》を作ってみても、無駄なことだ」と。各自断念してしまい、神秀に頼ろうとしていました。

神秀は「人々が偈を提出しないのは、私が彼らの教授師だからだ。私はどうしても偈を提出せねばならない。私が偈を提出する心は、道を求めるのなら善いことであり、祖師の位を求めるのなら悪いことである。凡人の心で祖師の位を盗むようなものだ。しかし、偈を提出せねば、どうしても法を得られない。とても困ったことだ」と考えました。

神秀は偈が出来上がり提出しようと思い、数回弘忍の部屋の前に行きましたが、胸の内がふらつき、全身から汗が吹き出し、差し出すことができません。このようにして四日経ってしまい、十三回試みても偈を差し出せぬままでした。そこで神秀は「いっそのこと廊下の壁に書きつけて、師の目に留まるのに任せよう。もしも良いと言われたならば、すぐさま師の前に出て礼拝して『私の作ったものです』と言おう。もし、ものになっておらぬと言われたら、これまで数年この山で人から敬われてきたのもあだごと、この上なんの道を修行していられようか」と考えました。そして夜中の十二時になってから、人に気づかれぬように自分で燈火を持ち、南廊下の中央の壁に偈を書き付けて、心中の見解を示しました。その偈は以下です。

原文の現代語訳

身は悟りの樹、心は澄んだ鏡の台。
いつもきれいに磨《みが》きあげ、塵《ちり》や埃《ほこり》をつかせまい。

つまり、私たちの心は煩悩によってすぐ曇ってしまうので、心の鏡を曇らせないように、絶えず埃（煩悩）を払って拭《ふ》かねばならないという意味です。

神秀は誰にも気づかれず、すぐ部屋に戻りました。しかし、落ち着かず明け方を迎えました。その朝、弘忍は神秀の偈に目を留め、「この偈によって修行すれば、三悪道（地獄、餓鬼、畜生の世界）に堕ちることを免れるだろう。この偈に従って修行する人は、利益を受けること間違いなしである」「君たちは皆この偈を唱えよ。この偈の精神を悟る者は、即座に見性《けんしょう》することができよう」と言いました。弟子たちは、一人残らずこの偈を唱え、皆「素晴らしい」と讃嘆しました。

弘忍はその深夜に神秀を呼び、「君がこの偈を作ったというが、とてもまだ自己の本性を見てはいない。ただ仏法の門前に至っただけで、まだ門内に入ってはいない。凡愚の者がこの偈に従って修行する限り、堕落はしない。しかし、このような考えで最高の悟りを求めることは、まさしく不可能なことだ。最高の悟りとは、必ず言下に自己本来の心に目覚め、自己の本性が不生不滅であることを知って、どんな時にも一念一念に、万事とどこおることなく、一つの真が全ての真実となり、あらゆる対象はおのずとあるがまま。このありのままの心こそ真実であると見るべきだ。もしこのように見るならば、これぞまさしく無上の悟りの本体であるのだ」と言いました。

慧能の偈

何日か経って、寺にいた一人の童子が米つき部屋に立ち寄って、例の神秀の偈を唱《うた》い出しました。慧能はそれを一度聞いてすぐ、この偈はまだ自己の本性を悟ったものでないことがわかりました。慧能は「先輩、私はこの米つき部屋で八カ月余りになりますが、一度も五祖のいらっしゃる御堂の前に行ったことがないのです。どうか先輩、案内して偈の前に連れて行って拝ませてください。私もこの偈を唱えて、死後の世までも因縁を結び、同じく仏の境涯に生まれたいと思います」と言い、案内してもらいました。慧能は文字を知らないので、そこにいた張日用という人にその偈を読んでもらいました。慧能はそれを一度聞くと、その場で全体の意味がわかりました。そこで「私にも一篇の偈があります。どうか壁に書いてください」と言いました。その偈は以下です。

原文の現代語訳

悟りにはもともと樹はない、澄んだ鏡もまた台ではない。
本来からりとして何もないのだ、どこに塵や埃があろうか。

つまり神秀は、精進努力して煩悩を払拭するのが禅の修行である（漸悟《ぜんご》）と言いました。それに対して慧能は、煩悩の空なることをもって応じました。もともと煩悩などないのだから、煩悩にこだわり、それを退治しようとするのはおかしいという主張（頓悟《とんご》）です。

この慧能の偈には、出家も在家も皆驚き、山内の大衆は感心しました。「不思議なことだ、姿や顔で人を判断することはできない。よくもまあ長い間、あの生き身の菩薩様を使ってきたものだ」と。弘忍は大衆が皆不思議がっているのを見て、誰かが慧能を殺して、今後仏法を伝える人がいなくなることを心配しました。そこでごまかして大衆に向かって「この偈も、まだ本来の自己を見ていない。それを讃歎《さんたん》するとはどうしたことか」と言いました。そこで弟子たちは思い諦めて、「まだ完全なものではないのだ」と言って、めいめい部屋へ帰り、もう誰も讃歎しませんでした。

この神秀、慧能の偈は、文献によって文言の違いはありますが、結局のところ、神秀の禅は、煩悩をあると見て、これを徐々に払拭して、やがていつの日か全てを取り除いて悟りに至るというもの（漸悟）です。一方慧能の禅は、煩悩というものは仮相のもので、本来はなく、あるのは仏性のみで、その仏性（本性）を徹見せよ、それが悟りだというもの（頓悟）です。

私も同じようなことを、師の一人に言われたことがあります。その師は「日本で一番坐禅のできる禅僧」といわれる人でした。その師は、私に「あんた、これから坐禅して悟るのではなく、元々悟っているというところに意を置いて坐禅しなさい」と助言してくれました。これが頓悟禅なのです。

神秀の北宗禅は漸悟、慧能の南宗禅は頓悟といわれていますが、慧能自身は「教えそのものには、もしそれが正しい教えであるならば、頓漸の区別があるものではなく、人間の機根（能力）に利鈍の差があって、利人は頓に修め、迷人は漸に契《かな》うのである。そして自ら本心を識《し》り、自ら本性を見るのに何ら差別はなく、仮に頓とか漸とか言うだけだ」と言っています。

この北宗禅の祖神秀と南宗禅の祖慧能は、とても対比的です。神秀は長身で美男、堂々としていたようですが、慧能は短躯で醜男でした。神秀は三乗の経論はいうに及ばず、老荘の学から儒学にも通じた一大碩《せき》学であり、後に両京の法主、三帝（則天武后、中宗、睿《えい》宗）の国師といわれましたが、慧能は文字を知らず、米つき部屋の出身で、後に都に迎えられようとしても固辞しました。何から何まで対比的な二人でした。

慧能が後継者に

慧能の偈を見てその悟りの深さを知った五祖弘忍は、深夜になって慧能を部屋に呼び、袈裟《けさ》でさえぎり囲み、人に見せないようにして、慧能のために『金剛経』を説きました。ちょうど「応無所住而生其心《おうむしょじゅうにしょうごしん》」という箇所へ来た時、慧能は言下に悟ってあらゆる存在は自己に生まれつき具《そな》わっている本性と別なものではないことに気づきました。

そして慧能は、自己の見性体験を「和尚様、何とまあ、自己の本性はもとからそのまままきれいなものでした。何とまあ、自己の本性はもとから生じもせず、滅びもせぬものでありました。何とまあ、自己の本性はもとから完全なものでした。何とまあ、自己の本性は本来微動だにせず、あらゆる事物や現象を次から次へと在らしめております」と言いました。

弘忍は「自己の本心に気がつかねば、教えを学んでも役に立たぬ。もし言下に自己の本心がわかり、自己の本性を見届けるならば、そのまま丈夫、天人師、仏と呼ばれる」と言いました。
慧能が、深夜五祖弘忍の法を受け嗣《つ》いだことを、人は誰も知りませんでした。弘忍は、慧能に頓悟の教えと袈裟と鉄鉢とを授けて「お前を六代目の祖師とする。よく自分でさわりのないように気をつけて、あまねく迷える人々を助けなさい。袈裟はその証拠として受けるのであり、達磨以来代々受け継いで来たものである。法は心から心へと伝えるものであり、誰もが自分で悟り、自分で納得させるものである。昔から代々の仏は、ただ万物の根本となる本体を伝え、代々の祖師方は、親しく本来の心を与えたということを、私は今、君自身で認めるようにさせ、君自身で悟るようにさせたのである」と言いました。そして弘忍は、慧能が殺されるからすぐここを去る方がよいと告げ、途中まで送ります。

前述の「応無所住而生其心」というのは「応《まさ》に住する所なくして而《しか》もその心を生ずべし」と読みます。般若皆空《はんにゃかいくう》の境地に到達した人は、対象物に対して心を向けるけれども、それに心が奪われたり執着したりすることなく、それをあるがままに自由自在に駆使し、処理していくことを言ったものです。

この句を聞いて慧能は言下に悟ったとありますが、慧能が薪を宿駅へ運び終え、外に出た時に聞いた『金剛経』で悟った、その悟りとどう違うのでしょうか。学者は以前の悟りを、ここで徹底したと解釈しています。坐禅・内観・瞑想中に悟るのが通常でしょうが、行住坐臥《ぎょうじゅうざが》（日常）が内観になっている聖者は、いつでも悟れるのでしょう。

ここで弘忍の言った「誰もが自分で悟り、自分で納得させるものである」「君自身で認めるようにさせ、君自身で悟るようにさせた」は、仏教、宗教の鉄則です。正しく悟った師について、助言を受けながら自分で努力して悟っていきます。師が自分を救うのではなく、自分で自分を救うのです。自分に内在する仏性が自分を導くのです。ですから弘忍が言った「君たちは一日中供養ばかりして」のように、死者にお経をあげたところで、その死者は成仏しないということです。本人がまた何回も生まれ変わって、修行して自分で悟る（成仏する）のです。

心が動いている

弘忍に送られ南方へ向かった慧能は、その後四会《しえ》県へ至り、猟師の仲間となって五年（十五年とも十六年とも）を経ました。慧能の役目は網の番をすることでしたが、獲物が掛かるとすぐに逃がしてやりました。また飯の時間になると、肉鍋に野菜を投げ入れて野菜ばかりを食べていました。機会をみては猟師のために法の話をして聞かせていたようです。

六七六年に至って、法を広める時が来たことを自覚した慧能は、広州の法性寺にふらりとやって来ました。ちょうど印宗法師（六二七〜七一三、弘忍下で禅法を受ける）が『涅槃経』を講義しているところでした。門前に説法の日を知らせる旗が揺れていました。

原文の現代語訳

ある僧が言った。

「旗が動いている」

ある僧は言った。

「風が動いている」

慧能は言った。

「旗が動いているのでも、風が動いているのでもない。君達の心が自分で動いているのだ」


堂内にいた印宗は、この会話を聞いてぞっとしました。この月の十五日、印宗法師は人々を集めて、慧能を剃髪し、土地の碩徳を集めて、慧能に僧となるための具足戒《ぐそくかい》を授けました。

翌年、慧能は曹渓《そうけい》宝林寺に移り、大いに禅風を発揚《はつよう》し、多くの信奉者を得ました。七〇五年、中宗は勅使をもって慧能を召しましたが、病と称して赴きませんでした。また慧能は、新州の旧宅を国恩寺となし、ここに報恩塔を建てました。

根源の本心を見極めよ

慧能は韶州《しょうしゅう》や広州で教化すること四十余年に及びましたが、なかでも韶州大梵寺で行った説法を編集したものが、後に『六祖壇経』の名で広まりました。門人の法梅が記録したものです。この『六祖壇経』にはいくつかの異本の流れがあり、どの文献がよりオリジナルなものに近いのかなど、学者が研究しています。

この『六祖壇経』に、恵昕《えきん》という人の「序」があり、とても良いものなので紹介しておきます。

原文の現代語訳

そもそも、あるがままなるブッダの本性（宇宙万物に全て行きわたっている永遠に変わらぬ真実の本質。人間が生まれつき備え持っている本性である清浄心《しょうじょうしん》。仏性のこと）は、もともと人の心にある。心が正しければ、一切の外境《げきょう》はなかなか侵入できず、心がよこしまなときには、あらゆる俗塵がたやすく汚染する。あれこれ思念することをやめてしまえば、もろもろの悪は自然になくなってしまう。もろもろの悪がなくなってしまえば、もろもろの善は全て身に備わることになる。もろもろの善を身に備えようとするには、それらを自分以外のところに探し求めるというやり方によるのではない。かくて、仏の教えを悟った人は、その心は太陽のごとく、残る隈なく世界を照らして、全てのものとさしさわりなく一つになってゆける。また自己の心の根本を見極めた人は、人の世に生きていても、その心は自由自在であって、惑わされたり、かき乱されたりすることはない。さればこそわが六祖慧能大師は、広く修道者のために、根源の本心を見極めよという教えを端的に説き示され、自分で自己の本性を見届けて、仏となるようにと期待されたのである。……どうかこの『壇経』が、今後われわれと同じように仏性（如来性、覚性。ブッダの本性。一切の衆生はみな仏性を有し、煩悩を除けば即座に仏性を顕現し得る。仏性を見る《見性》とは、坐禅・内観・瞑想によって自己の本性を徹底的に見極めて、仏の本性と無二なることを自覚すること）に目覚めようとする人々を迎え取るものとなるように念ずる次第である。

ここに「自己の心の根本を見極めた人は、人の世に生きていても、その心は自由自在であって、惑わされたり、かき乱されたりすることはない」とあります。

この境地になるには、かなりの修行が必要になります。

ここに「人の世」とありますが、この「人の世」を仏教はどう観ているのでしょうか。仏教では「人の世」を「濁世《じょくせ》」といいます。その「濁世」を激流に喩《たと》え、こちらの岸から苦労して泳ぎ渡り、向こう岸（彼岸・悟りの世界）に行き着く訳です。命をかけて激流を渡る訳ですから、生半可なことでは渡り着けません。途中で激流に溺れて命を落とす人も多くいます。人の世に生きていて人に惑わされず、かき乱されず、つまり、相対次元というこの現象の重く低い波動の中にいて、自分を高次元の波動に高め、それを保つということは簡単なことではありません。
私たちの日常を監視してみるとわかりますが、朝目が覚めると、無意識に今日の日常の現象の心配をしています。ここでもうアウトです。朝のテレビのニュースを見れば今の日本の政治を心配し、こんな政治家に任せておいてきちんと年金がもらえるのだろうか……またアウトです。会社に行けば仕事に追われ、同僚との出世争いに参加し、上司の機嫌を取り……。こういう感じで朝から晩まで外の刺激に対応しているだけで、まったくの現象漬、相対次元べったりです。これでは何十生、何百生経っても悟りの世界に至れないどころか、境地を上げることさえもできません。

以上のようなことを聖者方に言われたとしても、ピンとこない人がほとんどだと思います。なぜでしょうか。それは私たちがこの世に生まれてきた目的を忘れてしまっているからです。では、その目的とは何でしょうか。お釈迦様やイエス様が言っている、宇宙の真理を悟るということです。どんな人もこの目的を成就するために生を与えられているのです。しかし、波動の重いこの現象に生を受けた瞬間に、その目的を忘れてしまいます。その目的を忘れずになんとなく覚えている人でも、この現象を生きているうちにマーヤと呼ばれる悪魔にそそのかされ、崇高な目的を忘れ、いつの間にか相対次元べったりの、また輪廻が必要な人間になってしまいます。そうあらぬように、昔からどの地にも高次元を生きる聖者方が出現し、私たち「迷える子羊」を導いてくれるのです。

私たちはこれら高次元の聖者方に導かれて、人の世に生きていても、その心は自由自在であって、惑わされたり、かき乱されたりすることのない高次元の世界に生きなければなりません。私たちは聖者方が言っているように「父なる神の分霊」なのですから、坐禅・内観・瞑想しているうちにそれを思い出すはずです。そうすれば仏教で言っている「私たちは元々悟っている」ということもわかるでしょう。

この「序」だけで『壇経』の内容がわかる気がします。本文は、修行者にとっての大切なポイントを的確に指摘してくれています。今の時代の真理を求める人々にとっても良い指南書になると思います。

師と弟子の過去からの因縁

『壇経』は、慧能の説法の編集ですから、聴衆がいる訳です。慧能はその聴衆に向かって次のように言っています。

原文の現代語訳

今日諸君が同じ法会に列席して正法を聞くことができたのは、とりもなおさず、過去に

> 幾度も生まれ変わって諸仏を供養したおかげで、今はじめてこの上ない自己の本性を即座に徹見するという勝れた教えを聞くことができたのである。私は、刺史《しし》（地方官）やその他の役人や出家や在家の皆さんと、数えることもできぬ古い過去からの因縁が在ったのである。

昔も今も同じですが、自己を高めよう、魂を進化させようと思っている修行者は、何度も生まれ変わって、その度に良き師を探し、完成を目指して修行します。そして巡り会う師は、過去世から縁のある師であることも多いようです。巡り会うといいますが、「師の方が過去世の弟子を集めるのだ」という聖者の言葉もあります。

ここで「おかしい」と思う方がいらっしゃることでしょう。慧能の師の五祖弘忍が「供養ばかりしていて、肝心なことをやっていない」と言っているのに、ここでは慧能が「過去世で何回も諸仏を供養したから、今世で勝れた教えを聞くことができた」と言っています。五祖弘忍は「供養」を評価せず、六祖慧能は評価しています。本書は論文を紹介するものではありませんので簡単に説明します。この『壇経』は文献（テキスト）が多く存在し、例えば他の文献には、この部分は「諸官僚道俗と亦累劫の因有り」としか出ておらず「諸仏を供養して」などは出ていません。各文献とも編者の境地（レベル）の違いや意向によって異なってきて当然です。実際の慧能は、五祖弘忍と同じく供養など評価せず、「諸仏を供養したおかげで」などとは言っていないと思います。これは編者の加筆でしょう。

もし加筆でなく、このようなことが仮にあるとすれば「諸仏を供養したから」ではなく、「坐禅・内観・瞑想中に、宇宙の本体の表現体である阿弥陀仏《あみだぶつ》とか大日如来《だいにちにょらい》などと合一して、真理を知る体験をしたから、その徳により今世で勝れた教えを聞くことができた」というようなことだと思います。

指導者と悟り

また正師につかねばならぬことも言っています。

原文の現代語訳

諸君、正しい悟りの智慧は、誰でも本来持っているのだ。ただ心が迷いを起こすために、自覚することができないだけだ。まことに、本当に悟った先輩の指導をお願いして、自己の本性を見届けねばならぬ。諸君、愚者も智者も、仏となる本質には変わりはないのだ。ただそれを見失うか気づくかという違いにより、愚者と智者との別があるだけである。

自分だけで悟れる人は別として、一般の人々は、真に悟った道の先輩（師）について指導を受けながら修行を進めていかなければ、なかなか悟れるものではないのでしょう。本人の発心の大きさと縁に応じて、師は決まるのでしょう。

ここでいう師は、肉体を持ったこの世の悟った師でもよいし、肉体を持たない（時々こちらに応じて肉体を持って現れてくれることもある）、霊界（高次元）の師でもよいと思います。現代の聖者方は、肉体を持った師につかなくても、霊界の師について、その師と一緒に坐禅・内観・瞑想しながら悟ったという人も少なからずいるようです。

私は約三十五年間の修行人生の中で、肉体を持った九人の師に指導を受けましたが、悟りの次元に達している師は一人もいませんでした。しかし霊界の聖者方に激励を受けたり、質問の答えをもらったり、一緒に坐禅してもらったりしました。

どんな人にもどんな修行者にも、全ての人には霊界の悟っている守護霊がついていますし、各人を導いてくれる霊界の指導霊もいます。ですから私たちは、守護霊、指導霊を信頼しながら、自信を持って修行すべきでしょう。

それよりも何よりも、私たちは父なる神の分霊（創造主の分霊・宇宙の真理そのもの・仏性）なのですから、この内なる仏（神）を信じ、頼ることが本筋です。坐禅・内観・瞑想により、この内なる仏（神）を表に現し出さなければいけません。

また、次のようにも言っています。

原文の現代語訳

もし自分でめざめることができぬなら、必ず高徳の指導者でもっとも勝れた教えのわかっている人に、正しい道をずばりと指し示してもらうことだ。いったい、指導者というものは、偉大な条件を備えている人である。つまり彼は人々を教え導いて、自己の本性に気づかしめる人である。あらゆる善き教えは、指導者によってその力を発揮するからである。……自分でめざめることができなければ、必ず指導者の教えを求めるべきで、そうしてこそはじめて気がつくのである。もし自分で目ざめた人は、外に教えを求める必要はない。もし指導者を求めることによって、自由になりたいと望むならば、そんな道理はありえないのである。なぜかというに、自己の心中に指導者がいて、自分で悟るはずのものだからである。もし誤った惑いを起こして、あれこれと心が迷い転倒するならば、外の指導者がたとえ教授したとしても救ってやることはできない。

自分だけで悟れない人は、正師につき、正法を示してもらい、それを信じて自分で努力し、結果、手よりも足よりも近いこの自分の内に、真の指導者（仏性）がいたのだと気づくことだということです。経典を読んでわかった気になっているのではなく、師に悟らせてもらうのでもなく、自分で坐禅・内観・瞑想して悟れと何度も言っています。

原文の現代語訳

諸君、一瞬一瞬の間にも、自分で自己の本性が清浄であることを見届け、自分で清め、自分で実行して、自分で悟りの位を完成するのである。

原文の現代語訳

各自が必ず自己本来の真性によって、自分で救うべきであって、このことをまことの救いという。

原文の現代語訳

経典はあきらかに「自らの仏に帰依する」といって「他の仏に帰依する」とはいっていない。自己の本性の仏に帰依しないなら、どこにも依りどころはないであろう。

ここで「経典はあきらかに『自らの仏に帰依する』といって『他の仏に帰依する』とはいっていない」とあります。

仏教では「悉有《しつう》仏性」、つまり全てのものには仏になる本性（仏性）があると言っています。現代の聖者方は、この「仏性」を「父なる神の分霊（創造主の分霊）」とか「内なる神」と言っています。その自らの内なる仏（神）に帰依せよということです。そして、お釈迦様や観音様や達磨大師などに帰依せよとは言っていないということです。つまり、帰依するのは自己の内なる仏（神）、仏性であり、他の神仏や聖者方は、私たちが内なる仏（神）、仏性に帰依することを助けてくれるものなのです。

そして、私たちを本当に救ってくれるのは、私たちの内なる仏（神）です。これは、自分自身が、自分自身を救うということなのです。外なる仏（神）は、私たちが、私たちの内なる仏（神）を発見し、体現するのを手助けしてくれる仏（神）なのです。その内なる仏（神）、外なる仏（神）、両方が存在して初めて私たちは救われるのです。

このように、自己の本性（仏性）を依りどころに坐禅・内観・瞑想して自分で悟れという教えは、達磨以来五祖弘忍に至るまでまったく同じです。もちろん前述のように六祖慧能も同じです。

経典をそしるな

この時代、粗野で方向違いの坐禅偏重者が多くなってきたようで、次のような注意をしています。

原文の現代語訳

さては経典をそしって「文字は不用だ」というまでに至る。文字は不用なら、人は言葉を使ってはならぬことになる。（なぜならば）この言葉こそは、文字のすがたなのであるから。また「文字を立てぬ」とまでいっておるが、その「不立」という言葉がやはり文字であるのだ。（そういう偏見のやからは）人が説くのを見ると、すぐさまその人をそしって「彼は文字に執われている」といいたてる。君たちはよく心得ておかねばならぬ、自分で本心を見失うのはまだしも、仏の経典をまでそしるに至っていることを。経典をそしってはならぬ。そのための罪は数えきれぬものとなる。

師はいつも、行き過ぎや偏りを修正し、正道に戻します。弟子たちが学問偏重の時流に乗るようであれば、坐禅・内観・瞑想の実践を強調し「不用文字」などと軽率にも経典をそしったりすれば、このように注意します。

『般若心経』ブーム

慧能は、当時の『般若心経』好きな人々に対してひとこと言っています。これは、現代の『般若心経』ブームにもよい警鐘となります。

原文の現代語訳

諸君、……摩訶般若波羅蜜の教えを説いて聞かせよう。皆の者、一心にはっきりと聞くがよい。世間の人は、朝から晩まで声をあげて「摩訶般若波羅蜜」と唱えていながら、唱えている自己の本性の般若もしらない。ちょうど食べ物の話をしても腹がふくれぬようなものである。ただ口で空というだけであって、永遠に自己の本性を知ることはできないから、いつまでたっても役には立たぬ。……これは必ず心で実践すべきもので、声をあげて唱えることに関係はない。声をあげて唱えても、心で修行しなければ、幻術やばけもののように真実性がなく、露やいなづまのようにはかない。声をあげて唱えるとともに、心で修行してこそ、そのまま心と声とが一致するのである。人の本性は、ちゃんと仏なのだ。この本性のほかに、別の仏などないのだ。

これはもちろん他の経典でも同じことです。お経を誦むことだけが大切だと思っている人々、読むだけで効験ありとする宗教家、霊能者は多いものです。

本当に般若心経を唱える人は多くいるようです。私の知り合いの僧侶の中には、暇さえあれば一日中般若心経を唱えている人もいますし、お寺の行事の時に百八回（人間の煩悩の数）唱える人もいます。

そして彼らは般若心経を唱えることによって、自分自身にも檀家や信者さんたちにも、多くのご利益があると信じています。私の体験から言うと、長い時間お経を誦んだり、多くの人々と一緒にお経を誦んだりすると、何ともいえない自己満足や自己陶酔に陥ります。本筋である坐禅・内観・瞑想をせずにお経を誦むだけだと、心の内は開発されず、悟りへの道へ入っていくことができません。

現代の僧侶は葬式の時、法事の時、寺の行事などの時に必ずお経を誦みます。現代の僧侶の仕事のほとんどは、お経を誦むことです。僧侶の本当の仕事は、古来より、坐禅・内観・瞑想をして宇宙の真理を悟り、それを人々に伝えることなのです。慧能の時代にも現代と同じように、般若心経の大好きな人々が多くいたことは驚きです。

私が修行の初心者の頃、友人にもらった般若心経のテープを車にセットし、交通安全の意味で運転中にいつもかけていました。ある時大きなお寺の前を走っている時に、お寺の正門のところで急に車がエンストしてしまいました。私は慌てて何度もエンジンをかけ直しましたが、いっこうにエンジンがかかりませんでした。私はその時背筋がぞーっとし、恐怖の念にかられました。多くの霊が車を取り囲んでいるのが直感的にわかりました。私は、当時そういう場合によくやっていたように、お釈迦様を思い浮かべました。するとエンジンはかかり、難を逃れました。

後年出会った師にこの件を話したところ、その師は「未成仏霊のような、真理の理解の浅い霊は、お経や線香の匂いに惹き付けられて来ることが多いのです。だからお経を誦む場合は、そういうことも考えて、気をつけて誦まなければいけません」と教えてくれました。

「般若心経」というお経は、宇宙の真理を表現しているお経です。このお経の代表的なフレーズは「色即是空、空即是色」です。この意味を本当に知ることが一番大切なのですが、これはどういう意味なのでしょうか。これは「形としてあるものは次元を変えて見ると（振動数を上げて、宇宙次元の目で見ると）、実は形がなく、エネルギー、光、波動として存在している。エネルギー、光、波動として存在するものは、次元を変えて見ると（振動数を下げると）、形ある物質として見える」という意味だと思います。

最近、よくＵＦＯ（空飛ぶ円盤）を見たという人がいます。ＵＦＯは、私たちにその姿を見せたり、消えたり自由自在です。姿を見せた時は、三次元にまで振動数を落とし、消えた時は振動数を高次元にまで上げて、私たちのいる三次元から見えなくするようです。このＵＦＯは、エネルギー状態としてはいつも存在するのですが、三次元に物質化した時のみ、私たちの目でとらえることができるようです。これも「色即是空、空即是色」の一例でしょう。

仏教に限らず、宗教は全て体験が大事です。「色即是空、空即是色」ということも、お経からの知識だけでなく、坐禅・内観・瞑想という実践からの体験が大切だと思います。

ここで、慧能もそのことを言っているのだと思います。お経は、慧能やその他の禅僧が言っているように、誦むものではなく、その言わんとする内容を知り、その内容を体現するために、坐禅・内観・瞑想するということが本筋です。

陥りやすい点

慧能はまた、まじめな修行者の陥りやすい次の点を指摘しています。

原文の現代語訳

諸君、精神の不動を目ざして修行するには、全ての人に対して、その善し悪しや善悪のあやまちを見ないこと、これが自己の本性の不動であることなのだ。諸君、本性を見失った人は、身体は不動でも、口を開けばすぐに他人の善し悪しや、長所短所、好き嫌いを説いて、道にはずれてしまう。

原文の現代語訳

もし全ての人の悪と善とに対しても、いっさい取捨選択せず、また執われず、心が虚空のようであるとき、それを大きいというのである。

また、慧能は人々のために歌を作ったようで、その中でも次のように言っています。

原文の現代語訳

邪にも正にもとりあわなければ、至極の境地に達して清らかである。

……

いつも自らおのれの過ちを見て取れば、そのまま道とぴったりゆく。

……

まことの修行者というものは、世の人の過ちには目を向けぬ。
もし人の咎《とが》に目を向けるなら、そのおのが咎こそ道にもとるもの。
人の咎を私は謗《そし》らぬ。おのれの咎がもともと悪い。
その咎ある心を自ら払い去り、煩悩をば打ちくだくだけのこと。

まじめな人々は、自分の思いや言動は正しいと思いがちです。しかし、正しいという基準がそもそも違っているのです。人間界での基準と仏の世界での基準、つまり俗諦《ぞくたい》（仮相）と真諦《しんたい》（実相）では基準が違うということです。また、善悪を言わないというのは、悟りの障害となる分離意識を持たない、ものを二つに見ない（相対意識を持たない）ということでもあります。仏道の目指す世界は一相世界なのですから。同じ修行仲間の悪を見て批判する人は多いものです。人間はどんな人も皆、生まれ変わり生まれ変わって、いつの日か必ず完成する（悟る）ものです。私たちはお互いに発展途上の、まだ未完成の段階なので、お互いに批判せず、各自努力して完成を目指すべきでしょう。

慧能（六三八〜七一三）の時代は、善導《ぜんどう》（六一三〜六八一）などの浄土教も盛んでした。その浄土の教えに関して、ある弟子が「私はいつも出家や在家の人々が阿弥陀仏の名を唱えて、西方浄土に生まれようと願っているのを見ています。いったい浄土に生まれられるものでしょうか」と質問したところ、慧能は次のように答えています。

原文の現代語訳

愚かな人は、自己の本性を悟らず、自己自身の中にある浄土に気づかないで、東を望んだり西を望んだりするが、悟った人はどこにいても同じである。だから仏は仰せられた。「自分の居る場所のままで、いつも安らかでいつも楽しい」と。

慧能は寺の中にいても出家せず、長い間在家のままで「盧行者《ろあんじゃ》」といわれていました。いよいよ人々を寺で指導しなければならなくなり出家したような人ですから、次のように言っています。

原文の現代語訳

諸君、修行しようと思うならば、家に在ってもよろしい。寺におらねばならぬということはない。

七、八世紀でもこうですから、現代ならなお一層のことでしょう。現代では、かえって何かと寺では修行しづらいという人も多いようです。

「君は過去世でこういう罪をなしたから、今世でこうなっているのだ」「こういう業《ごう》のせいでこうなったのだ」などと言う師も少なくありません。しかし真に悟った師なら、慧能のようにこう言うはずです。

原文の現代語訳

ただ一つの燈火が、千年も続いてきた長い闇を一瞬の間に明るくするように、一たび悟りの智が生ずれば、過去一万年の暗闇も消すことができる。過去のことを考えるな。すでに過ぎてしまったことはどうにもならぬ。いつも未来のことを思って、一念一念が完全ではっきりしていれば、自己の本性に目ざめることができるのだ。

なぜならば、過去世過去世といっても、今の自分の魂は、過去世からの全ての業の集大成な訳で、今の自分の魂を浄化すればよいからです。今が大切で、今、今、仏性を顕現していけば、(元々仮相で、ないものなのに、あると思っている)過去世の業も消え、悟りに至れる訳です。自分の過去世に失望することもなく、業の影におびえることもなく、今の人生で精一杯修行すればよいということです。

慧能は入滅する時に、弟子たちに次のように言いました。

原文の現代語訳

私の死後、世間の人情に従って悲しみ泣いて涙にくれることのないように。人の弔問を受けたり、身に喪服をつけるものは、私の弟子ではない。また正しいありかたでもない。

入滅時の奇跡

慧能は七一三年八月三日、国恩寺で門人たちに遺誡《ゆいかい》し、死を予告して、坐禅を組んで示寂《じじゃく》(坐化）しました。世寿七十六歳でした。

慧能入滅の日、寺内には妙なる香気がたちこめ、七日間も続き、天地も感応して大地は震動し、林の木々は白く変色し、太陽も輝きを失い、風や雲もどんよりとよどみ、鹿の群れの鳴き叫ぶ声が夜になっても止まなかったそうです。曹渓山に葬られた時、神龕《しんがん》（龕は寺の塔。また塔下の室）の中からぱっと白光が現れて、まっすぐ天に届き、三日経ってから消失したという奇跡もあったようです。

この慧能は、初めて「見性（自己の本性を見る）」の大事を唱えて、端的に禅の法要を示し『六祖壇経』により、広く禅を万人のものとしました。この功績は、中国仏教史上不滅の金字塔といえるでしょう。

慧能の門弟の中の優れた僧は、青原行思《せいげんぎょうし》（七四〇寂）、南岳懐譲《なんがくえじょう》（六七七～七四四）、荷沢《かたく》神会《じんね》（六八四～七五八）、永嘉玄覚《ようかげんかく》（六七五～七一三）、南陽慧忠《なんようえちゅう》（七七五寂）などですが、門人は一万五千人ともいわれています。後世、中国や日本で栄えた臨済、曹洞宗をはじめとする、いわゆる五家七宗《ごけしちしゅう》の禅は、全て慧能の法系から展開しました。

第七章

青原行思《せいげんぎょうし》

悟りだ迷いだの世界

前章で紹介しました、六祖慧能《えのう》大師の多くの優秀な弟子のうち、最も優秀だったといわれているのが、この青原行思禅師（六七一？〜七三八とも七四〇とも七四一とも）です。日本の道《どう》元《げん》禅師の伝えた曹洞禅は、青原下の末流です。青原の伝記はいくつかの文献に見られますが、伝記の内容も乏しく、伝記ははっきりしません。これほどの禅師であるにもかかわらず、ある文献では、北宗禅の神秀《じんしゅう》の弟子義福《ぎふく》の伝記の中に付記されているにすぎません。乏しい文献の中からも見える、聖者青原の輝きを紹介しましょう。

青原は青原山の静居寺《じょうごじ》に住したので、青原といわれています。吉州の安城生まれで、俗姓は劉《りゅう》氏です。幼少で出家したようです。少年時代の青原は、常に仏道を論ずる人々の輪に参加しながらも、ただ口を閉ざして聞き入るだけであったといいます。

たまたま六祖慧能大師の法座が盛況であることを耳に入れ、直ちに出かけて行き門を叩きました。そして次のように言いました。

原文の現代語訳

青原行思が問う。

「どのように修行したら、悟りだ迷いだという相対世界に落ちないですむのでしょうか」

　これに対して六祖慧能は聞いた。

「お前さんは今までどのような修行をやっていたのか」

　すると青原は答えた。

「聖諦《しょうたい》などを求めて修行したわけではありません」

　すかさず六祖は言った。

「それでは悟りだ迷いだの世界に落ちるわけはないだろう、どういう相対世界に落ちたというのかね」

　これに対して青原は答えた。

「聖諦すら求めて修行したことはないので、自分の境涯には悟りだとか、迷いだとかいう相対的対立的なものはまったくないのです」


ここで六祖は青原の能力を見抜き、多くの弟子がいるにもかかわらず、青原を第一の器と認めました。

　ここに「悟りだ迷いだという相対世界に落ちない」とあります。

悟りだ、迷いだと二相に見ているのは、まだ修行を始めていない人々や、まだ修行の初心の修行者です。

私の体験を紹介します。私は坐禅・内観・瞑想して深い状態に入り、次元が変わりパッと全てが一つだという世界に入りました。それは最高の至福状態であり、この状態が永遠に続けばよいと思いました。その時は涅槃《ねはん》の世界を垣間見ているのであり、一時的に迷いの世界を脱しているのです。悟り迷いの相対世界を脱しています。一時的にせよ、全てが一つという一相世界にいるのです。

このような体験を「見性《けんしょう》」といいますが、別な言い方をすれば「宇宙意識に至った」「涅槃を体験した」などともいいます。誰でもこれを体験できるといわれていますが、これを体験できれば一時的にせよ、悟りだ、迷いだという相対世界から脱することができるはずです。これを体験できれば、この問答の意味もよくわかるはずです。

この「見性」というものは「小悟《しょうご》」ともいわれています。この「小悟」を何十回も体験すると、真の悟りである「大悟《たいご》」に至るといわれています。

この問答の中にある「聖諦」を説明する前に、少し説明を要します。坐禅・内観・瞑想して深く入って行った世界のことを「真諦《しんたい》、勝義諦《しょうぎたい》」などといい、実相世界のことです。空《くう》の世界、真理の世界ともいいます。光の世界、原因世界という聖者もいます。これが仏教や他の宗教の目指す悟りの世界、涅槃です。

それに対して「俗諦《ぞくたい》」というのは、仮相世界、現象世界のことです。陰の世界、闇の世界、結果世界という聖者もいます。

もっと具体的にわかりやすく説明します。私たちが、朝起きて会社へ行って仕事をして、帰り道に一杯飲んで、家へ帰ってテレビを見て、風呂に入って寝るとします。これら全部が「俗諦」です。では、仏教書を読んでよく理解できたり、お経を誦《よ》んだり、仏教の研究をしたり、仏教上の議論をしたり……これらも全部「俗諦」の中でのことです。

一方「真諦」というのは、深く坐禅・内観・瞑想して、自他のない、相対のない一相の世界に入っている状態のことです。悟りの世界、涅槃です。坐禅でなくとも、念仏でも、お題目でも、純粋な祈りでも、集中して三昧《ざんまい》に入れば真諦の中にいるでしょう。

これら真諦と俗諦の二諦は、表と裏の関係で、真俗不二、元来同一の実態であり、このことを「聖諦」というのです。学者によっては、真諦＝聖諦と解釈する人もいます。

ある日、六祖は青原を呼び、「昔から法を伝えるには、衣と法の二つを弟子に与えるものである。私はお前さんのように立派な優秀な人材を得た。本来ならば伝法のしるしとして、法とともに衣を与えなければならないのだが、私は五祖より衣を相伝してから多くの迫害にあっている。今後も衣を巡る争いが起こるにちがいないので、この衣はこの寺に留めて、門外不出にしよう」と言いました。

米の値段

六祖の法を嗣《つ》いだ青原は、故郷の吉州盧陵《ろりょう》に帰り、青原山に住して僧俗を導きました。ここで問答があります。

原文の現代語訳

一人の僧が青原に問うた。

「仏法の大要は、ズバリひとことでいうと、どういうことですか」

すると、青原が逆に問い返した。

「盧陵の米はどのくらいの値段かね」


この問答を学者、学僧は「一僧が気負って仏法の大要は何かと質問し、青原の立派な答えを期待していたが、これに対し青原は当たり前の日常のごく身近なことを述べたにすぎない。青原の境涯には、禅だの、悟りだの、仏法だの、涅槃だのはまったくない。平常の生活がそのまま禅の生活であったのだ」とか「青原の言いたかったことは……仏法の要諦《ようたい》は悟りである。だが、その悟りが常に意識の内にある限り、それは真の悟りではない。悟りなどというものはどこかへ忘れてしまって、悟りそのものになりきる。これが悟りの本当の姿である」などと解釈しています。

仏法の大要は、自分で坐禅・内観・瞑想してわかるもので、「大要とは」と師に聞くような修行者は初心者か、修行の進んでいない者でしょう。ですから青原も、対機説法《たいきせっぽう》（相手の能力に応じての説法）で軽くいなし「お前さんの質問は俗諦から出たもので、米の値段はどのくらいかという現象的な俗諦の中での質問と同じようなものなのだよ」と言っているのだと思います。「仏法は真諦（実相）のもの、お前さんのいるところは俗諦（仮相）で、土俵（次元）が違うんだよ」と教えているのだと思います。

瓦礫《がれき》と真金

ある日、六祖門下で青原の後輩にあたる神会《じんね》が、青原の道場へやって来ました。

原文の現代語訳

青原が神会に問うた。

「お前さんは、どちらの道場からやって来られたのかな」

神会が答えた。

「曹渓《そうけい》六祖慧能の道場です」

青原が問うた。

「どんなものをお持ちかな」

神会は、恐ろしさに身をふるわせるばかりだった。

青原が言った。

「まだ瓦礫（石ころ）を持ち歩いているのかね」

神会は言った。

「和尚さんのところには真金があって、与えて下さるのではないかと思いまして」

青原は言った。

「たとえ、お前さんにあげても、それをどこにつけるつもりじゃ」


青原が同門後輩の神会に対して「まだ我、煩悩を持っているのか」、つまり「まだ悟っていないのか」と言うと、神会は「青原師は悟らせてくれると思って来ました」と言いました。しかし青原は「お前さんを悟らせてあげても、お前さんはその悟りをどう使うのか」と、まったく神会を相手にしていません。神会はその時まだ悟っていませんので、師が悟らせてくれるものと思っています。悟りというものは、師の指導を受けながら自分で坐禅・内観・瞑想して悟るものです。

私は若い頃、悟った師を探し求めて禅寺へ入りました。その寺の住職は「日本で五指に入る禅の高僧」「最後の禅僧」と言われた人でした。初相見の時、私はこの師に向かって「老師は悟っていると聞いています。私も悟った老師について修行すれば、悟れるのでしょうね」と言いました。すると老師は「ここには、悟りなどありはしない。勝手に自分で悟れ」と私を突き放しました。その当時の私は「なんと愛想の悪い、つっけんどんな老師なのだろう」と思いました。しかし今では、その答えで良かったのだと思っています。

修行の場所とか、修行の指導者というものは、大切な外的要因ではありますが、悟るのは本人の修行次第なのです。師が悟らせてくれるのではなく、師の指導を受けながら、自分自身で坐禅・内観・瞑想して悟るものだということを、今の私はわかっています。

青原は石頭希遷《せきとうきせん》に法を与え、唐の七四〇年十二月十三日、法堂に上り、大衆に別れを告げ、坐禅しながら亡くなりました。

第八章　石頭希遷《せきとうきせん》

慧能《えのう》に出会う

石頭希遷（七〇〇~七九〇）は、姓は陳氏、端州《たんしゅう》の人です。石頭を身ごもった時、母は生臭い物を食べないように決めました。石頭誕生の夜には、部屋に光明が溢れました。父母は不思議に思い、巫女《みこ》に尋ねました。巫女は「これは吉祥《きちじょう》（めでたいきざし）のしるしです」と言いました。生まれた子どもは、骨組みが見事であごが角ばり大きな耳をしていました。静かに心を保って少しも騒がず、並の子どもとは違っていました。

母は、乳歯が生え代わる歳になった石頭を仏寺に連れて行って、尊像を見せました。母は石頭に像を拝ませて「仏様ですよ」と教えました。石頭は拝んだ後、つくづくと仰ぎ見てつぶやきました。「これはまるで人ではないか。体の形といい手足といい、人とどう違うのだろう。仮にもこれが仏様なら、俺がひとつ成ってやる」と。その時そこにいた僧侶も俗人も皆、この言葉を褒めました。

石頭の生まれた地は野蛮な地でした。人々は鬼神を畏《おそ》れ、淫祠《いんし》（いかがわしい神を祭ること）邪教が流行っていました。牛や酒を神に捧げて、神様のご機嫌をとっていました。石頭の親族の多くもそうでした。ところが石頭は森の社へ向かい、淫祠を破壊し、供えてあった牛を年に十回以上も奪って、それら全てを寺に廻しました。それからは石頭の親族も清浄《しょうじょう》な生活をするようになりました。

石頭は十二、三歳の頃、初めて六祖慧能大師に会いました。先祖の田畑が新州の隣にあったので、出かけて、六祖に挨拶したのでした。六祖は一見しただけで、心から喜び、再三頭を撫でて「そなたはきっと私の真教を嗣《つ》ぐにちがいない」と言いました。六祖は特別にご馳走し、出家を勧めました。そこで石頭は髪を剃って俗を出ました。石頭は六祖の亡くなる前の二、三年間随従していたようですが、これが石頭の一生を決定したのでしょう。

六祖が亡くなった後、羅浮《らふ》山に上り、三峡の間を往来し、七二八年、二十九歳で羅浮山において受戒しました。ほぼ戒律の書をきわめると、その紛らわしさに思わず、「自己自身の清浄な本性を、戒体とよぶ。諸仏は無作で（悪心を起こさぬ）、どうして戒を生じたのか」と言い、それ以来、末節のことにかかわらず、戒律の言葉を重んじなかったようです。

青原《せいげん》に師事

石頭は、その後青原行思《ぎょうし》に師事しました。当時青原は一方の雄であり、多くの修行者が集まっていましたが、石頭が来てから、青原は「角多しと雖《いえど》も、一の麟《りん》（麒麟児《きりんじ》）にて足る」と言っていますから、石頭は青原門下の第一であったのでしょう。

なぜ石頭は、この青原に師事したのでしょうか。六祖慧能の晩年に参じていた石頭は、六祖が亡くなる前に、今後の自分の身の振り方を六祖に質問しました。すると六祖は「尋思去《じんしこ》」と答えました。「尋思去」には「自己がよくよく思量し推究せよ」という意味と、「青原行思をたずねよ」という意味があり、結局石頭は青原に参じたと伝えられます。

何年間か青原の下で修行していた石頭は、七四二年に南岳《なんがく》へ行きました。そして南岳の南台に登り、南台寺の東に石が台をなしている上に庵を結びました。そのため人々に、石頭和尚と呼ばれたのでした。当時、南岳には六祖の弟子南岳（嶽）懐譲《えじょう》、堅固《けんご》や北宗普寂《ふじゃく》の弟子明瓚《みょうさん》などの禅者がいました。これらの禅者たちが石頭のことを「真の獅子吼《ししく》なり、必ず能《よ》く汝が眼をして清涼《しょうりょう》ならしめん」と語ったと言いますから、多くの人々から期待されていたことがわかります。

解脱とは

文献によりますと、ある時、南岳懐譲が侍者《じしゃ》をやって、石頭に質問させました。

原文の現代語訳

懐譲の侍者が問う。

「どうあるのが解脱でしょうか」

石頭が答える。

「誰が君を縛った」

侍者が問う。

「どうあるのが浄土でしょうか」

石頭が答える。

「誰が君を汚した」

侍者が問う。

「どうあるのが涅槃《ねはん》でしょうか」

石頭が答える。

「誰が生死を君にくれた」


解脱というのは、全ての束縛から解放される（悟る）ことですが、縛っているのは他ではなく、自分自身だと言っているのです。自縄自縛という言葉通り、本当にはない仮相の業《ごう》（カルマ）や煩悩にがんじがらめになっているのが私たちです。自分が作り出した幻影に自分が縛られているにすぎません。本来各人に具《そな》わっている仏性《ぶっしょう》を顕現できれば、解脱です。

浄土という汚れのない悟りの世界は、どこか遠い所にあるのではなく、私たちの内側にあります。汚れなき仏性は各人に具わっています。それが浄土で、誰にも汚されていません。

私たちは、自分で勝手に肉体に基準を置いて、生まれた、死んだ、生まれ変わりだなどと言っています。しかし、不滅の生命は、始まりもなく、終わりもなく、生き通しています。それに気づけば、それが涅槃ということです。

解脱、浄土、涅槃は皆同じことで、私たちの内側にあります。

江湖会《ごうこえ》

石頭は南台に二十三年住し、多くの弟子を育てました。七九〇年、九一歳で亡くなりました。六祖慧能の弟子は多くいますが、後世まで栄えるのは、青原行思と南岳懐譲の二人の系統です。その基礎をなしたのは、青原下の石頭希遷と南岳下の馬祖道一《ばそどういつ》（七〇九〜七八八）です。前者は湖南省を中心に、後者は江西省を中心に活躍し「二大士に見えずんば、無知となす」といわれ、修行者が二人の師のところを盛んに往来しました。「江湖会」の呼称はここにはじまるといわれています。また、当時は宗派の対抗の意識もなく、修行者は自己に最適の師を求めて自由に往来し、師は修行者の人間像をよく把握して、最もふさわしい指導を行いました。

『参同契《さんどうかい》』

石頭の著書に『参同契』『草庵歌《そうあんか》』があります。『参同契』は、現代においても曹洞宗では日用経典として読誦しています。この題名は「いちいちの現象（参差）は仏の平等な真理（同一）に契合しているから真実である」という意味です。『参同契』の中心テーマは「あらゆる世界は、平等と差別の面から成り、平等の面からいえば、あらゆるものは互いに相即相入（二つの事象が融け合って、無差別一体となっていること）しており、差別の面からいえば、あらゆるものは、それぞれのあり方において独立している。これらの二つの面がまったく一つであるのが、真実のありようである。そしてこれを即今（いま）、即処（ここで）、自己に徹することによって体得することが大切である」ということです。一部抜粋してみましょう。本性とありようの関係を述べています。

原文の現代語訳

分別意識に染汚《ぜんな》する以前の本性（霊源）たる仏心は、けがされようがない（皎潔《こうけつ》）から、人それぞれの現象となって明白にあらわれ、人はそれぞれに異なり（支派）、染汚したありようを生きているが、そのこと自体が、人間の意識以前（暗）の清浄な本性に流れこんでいるのである。目に見えるいちいちの事象にこだわると本性を見失って迷い、さりとて、本質論の真理にばかり一致しよう（契）とすると実行が伴わないから悟りとは言えない。

次に、悟りと修行の一致ということに関して述べています。

原文の現代語訳

光と影、現象と本性、清浄と染汚、悟りと修行の関係は、互いに支えあっていて、たとえば（比）ふたつの足が前後に入れかわって歩みとなるように一方だけでは成り立たないのである。全ての物事には本来的にこうした働き（功）がある。それゆえに、働きの時、所、位（用と処）に応じたあるべきようが大切である（言）。事象のなかに本性の働きを失わなければ（存）、箱とふたとがぴったり合うように働きと本性とは一致し、現実に本性の理が応えれば、名人同士の矢（箭鋒）が真ん中でぶつかる（拄）たとえのように本性と行動は一致するのである（そのように悟りと修行は一致するのである）。

最後部には信心の勧めとして、次のようにあります。

原文の現代語訳

仏陀の言葉をきく（承）ものはすべからく、根本的で正統な（宗）心を単刀直入に会得せよ。自分のものさしで計ってはならない。汚れた意識で清浄な仏心をうけとめてはならない。目に触れる今、ここで、私が、仏陀の大道にめぐり会って信《まか》せきらないで、外に向かって探しまわって（足を運ぶ）も、どうして真実に活きる路が見つかるだろうか。歩くというありようは、遠近といった距離の問題ではない。歩くこと自体に心をこめよ。外に向かって求めるかぎり、高山大河の堅固な障害に隔てられて迷うばかりである。仏法のおくふかい世界（玄）に参学する人々に謹んで申し上げる。かけがえのない時間（光陰）といのちを仏に信せて充実して生ききっていただきたい。

ここに「汚れた意識で正常な仏心をうけとめてはならない」とあります。

しかし、私たちはいつもこれをやってしまいます。仏教や宗教では、私たちの表面的な普通の意識を「汚れた意識」と定義しています。相対次元の意識ということです。つまり相対次元的な現象意識で、高次元の真理は受け止められないということです。ですから前述するように、達磨《だるま》は「次元を変えて」と言っている訳です。

また、ここに「信せきらない」とあります。

私たちは修行している身であっても、どうしても内なる仏（神）に百パーセントは任せきれないで、外を探し回ってしまいます。

ではどうしたらよいでしょうか。これは日々の訓練しかありません。私たちは内なる仏（神）を信じず、自分の我だけで生きるという習慣がついてしまっています。肉体を持ってこの世に出現すると、とにかく外の刺激に対応しているだけで、上滑りな人生を送ってしまいます。自分が仏であるとか、内なる仏（神）が存在するとかをまったく忘れてしまっています。

ですから私たちは、自分が仏であるとか、内なる仏（神）が存在するとかを、まず強く自分に言い聞かせる習慣をつけ、とにかく一日五分からでも坐禅・内観・瞑想をし、内なる仏（神）への扉を叩き続けることだと思います。そうすれば誰でも、何らかの高次な霊的体験をし、その体験が任せきるということを段々と強めていってくれるはずです。

石頭はひたすら孤高を守り、主体的な心性の真実を追求した人で、宗風は「真金鋪《しんきんほ》（純金を商う店＝純粋な禅風を挙揚《こよう》していること）」といわれ、馬祖道一の「雑貨鋪《ざっかほ》」と対比されます。石頭は、弟子の薬山《やくさん》惟儼《いげん》に法を付しました。

第九章　南岳懐譲《なんがくえじょう》

不思議な誕生

南岳（嶽）懐譲（六七七〜七四四）は、六祖慧能《えのう》大師の仏法を嗣《つ》ぎ、青原行思《せいげんぎょうし》とともに慧能の二大弟子とされます。その法門は後に中国禅宗の主流の一つとなりました。

懐譲は、俗姓は杜《と》氏、金州の人で、仏陀生誕の四月八日に生まれました。文献によりますと、懐譲が誕生した時に、空に六道の白気が現れたといい、この瑞気を感じた官人が高宗皇帝に奏《そう》上《じょう》すると、皇帝が「その気は何の瑞祥であろうか」と問いました。官人は「国家の法宝は貴族階級のうちにではなく、金州の方、安康の田舎から出たようです」と申し上げました。金州の太守韓偕《かんかい》が詳しくこの瑞祥について奏上すると、皇帝は韓偕に命じて杜氏の家に赴かせ、手厚く慰めを賜われたといいます。

杜氏はこの赤ん坊を光奇と名付けました。瑞気を伴って生誕したこの子どもは、五歳近くなるとはっきりと凡庸の子とは異なり、その恩譲の精神も普通ではないので、父母はこの子どもを譲《じょう》と呼んだといいます。

十歳になると毎日仏教経典ばかりを愛誦するという有様であり、ある日、三蔵（訳経僧）の玄奘《げんじょう》がこの家にやって来て説法し、この光奇を見て「この子は出家したならば、必ず上乗《じょうじょう》（大乗の教え）を身につけ、幽微の教えにかなう人となるに違いない」と予言しました。

十二歳（十五歳とも）になった光奇は、荊州《けいしゅう》の玉泉寺《ぎょくせんじ》に往き、弘景《こうけい》律師（六三四〜七一二）

について出家しました。この寺は天台宗の天台智顗《ちぎ》（五三八～五九七）が住した寺です。光奇は弘景のもとで戒律の勉強をしました。懐譲という名も弘景より与えられたものでしょう。

戒律と坐禅

高僧弘景律師に指導を受けていたにもかかわらず、懐譲は一大疑問を抱いてしまいます。「自分はすでに戒を受けて五年、広く戒律を学んだが、まだ本当に真理に契《かな》ったとは思えない。考えてみれば、出家というものは無為《むい》の法（人間のはからいを超えた悟りの道）というものを実践しなくてはならないはずである。天上だとか人間だとかいうような区別を立てる教えに、どうして従うことができよう」と歎《なげ》きました。

ここに「広く戒律を学んだが、まだ本当に真理に契ったとは思えない」とあります。仏教や宗教において、戒律を守るということは大切なことです。坐禅・内観・瞑想してみればわかりますが、戒律を犯すと坐禅・内観・瞑想がしづらくなります。

例えば修行者が酒を飲んだとします。飲んだ直後に坐禅をしてみれば、とても坐禅がしづらいことは明確です。それでは酒を飲んで、完全に酒が抜けてから坐禅をしてみます。ある程度坐禅をしている人は、酒がもう抜けているにもかかわらず、やはり坐禅がしづらいことがわかります。

私の昔ついた師が「酒を飲んでいい気持ちになって我を忘れた時に、いろいろな魔や悪因縁が入ってくることが少なからずあるので、特に修行者の場合は気をつけなければいけない」と教えてくれました。

このように戒律というのは本来、坐禅・内観・瞑想をしやすくするためにあるのです。ですから、戒律を学んだだけでは悟りに至るはずはありません。悟りに至るには戒律面を整え、坐禅・内観・瞑想（無為の法）を実践しなくてはなりません。

自分の内を見よ

この懐譲の嘆きを知った同門の坦然《たんねん》が、懐譲の志の高いことを知って、嵩山《すうざん》の安《あん》和尚に拝謁することを勧めてくれました。安和尚とは、五祖弘忍《こうにん》の弟子で、嵩岳《すうがく》にいる慧安《えあん》（五八二～七〇九）のことであり、百二十八歳まで生きた長寿の禅師でした。隋の皇帝である煬帝《ようだい》が多くの人々をかり集めて、運河を開きましたが、このために飢餓に苦しむ人々を乞食《こつじき》して救済した人でもありました。煬帝や高宗の招きにも応じることなく、頭陀行《ずだぎょう》（乞食行）をしていましたが、晩年嵩山少林寺に入りました。世の禅者たちがここに集まりました。

文献によりますと、懐譲は坦然と一緒に慧安老師を訪ねました。

原文の現代語訳

懐譲が慧安に問う。

「禅の最も肝要なところは何ですか」

慧安が言う。

「お前はなぜもっと自分自身を問題にしないのだ」

懐譲が問う。

「自分のことと申しますと？」

慧安が言う。

「測り知れないお前のはたらきに気がつかんのかい」

懐譲が問う。

「そんなはたらきとはどんなものでしょうか」

するとと慧安が眼をパチパチしました。これを見ると友人の坦然はとたんに悟りを開き、もうどこへも行かず、慧安のもとにとどまりました。一方、懐譲は満足できず、曹渓へ向かいました。

この問答では、仏とは悟りとはと、外にばかり心の向いている懐譲に対し、慧安は自分の内を見よ、内在の仏（仏性《ぶっしょう》）を見よと言っています。

もともと悟っている

曹渓にやって来た懐譲に対して六祖慧能が尋ねました。

原文の現代語訳

六祖慧能が問う。

「どこから来たのか」

懐譲が言う。

「嵩山から参りました」

六祖が問う。

「何が、どのように来たのか」

懐譲が言う。

「説明しようとすればすぐに外れてしまいます」

六祖が問う。

「そいつは修したり証したりする必要があるのかね」

懐譲が言う。

「修や証は必要ですが、そのことに捉われはしません」

六祖が言う。

「その捉われないところ（不汚染）こそ、仏祖の大切にしてこられたところだ。お前はそれができている。このわしもそのとおりだ」

ここにおいて、懐譲は豁然《かつねん》として大悟《たいご》し、その後十二年、六祖慧能大師のもとにいたといいます。

この問答は、

慧能「どこから来たのか」

懐譲「私の肉体は、嵩山から来ました」

慧能「何が、どのように来たのか」

懐譲「創造主の分霊である仏性としての私は、空《くう》の次元からここに来ました。来ましたと言っても、どこから来てどこへ帰る訳でもなく、仏性としての私はどこにでもいます。しかし、その宇宙の真実たる本性（仏性）を言葉で説明しようとすれば、言葉で説明できるものではないので、すぐに的外れになってしまいます」

慧能「その本性（仏性）を得るには修行したり、悟ったりして獲得する必要があるのかね」

懐譲「修行したり、悟ったりすることは必要ですが、私たちの本性（仏性）は創造主の分霊なので、もともと悟っています。だから、修行や悟りにはとらわれてはいけません。もともと悟っている自分に気づくことが大切です」

慧能「そのことこそが、お釈迦様の大切にしてこられたところだ。お前はそれがわかっている。このわしもそのとおりだ」ということだと思います。

修行して悟るのではなく、もともと悟っている自己に気づくことが大切だと六祖は言っている訳です。しかし、それには坐禅・内観・瞑想しなければなりません。

私が昔ついた「日本で一番坐禅のできる禅僧」は、いつも私に「これから坐禅をして悟るのではなく、元々悟っているというところに意を置いて坐禅しなさい」と教えてくれました。

仏教では「全てのものには仏性がある（悉有仏性《しつうぶっしょう》）」「全てのものは皆、元々悟っている（悉《しっ》皆成仏《かいじょうぶつ》）」と言いますが、まさにこのことを言っている訳です。

甎《かわら》を磨いて鏡になるか

七一一年、六祖のもとを出た懐譲は武当山に十年こもり、後に南岳へ行きました。南岳に

二十三、四年いました。七一三〜七四一年の間に、道一《どういつ》という僧が伝法院で常に坐禅をしていました。後に懐譲の法を嗣ぐ馬祖《ばそ》です。懐譲は道一が大器であると察知し、伝法院へ行き、話しかけても振り向きもしない道一に強引に問いかけます。

原文の現代語訳

懐譲が問う。

「そなた、坐禅をしてどうするつもりか」

道一が言う。

「仏になりたいのです」

懐譲はそこで一枚の甎を取って、伝法院の石の上で磨きだしました。道一は、奇妙なことをはじめた懐譲にびっくりしました。

道一が問う。

「先生、何をなされる」

懐譲が言う。

「甎を磨いているのだ」

道一が問う。

「磨いてどうするのですか」

懐譲が言う。

「磨いて鏡にしようと思ってな」

道一が言う。

「甎を磨いても、鏡にはなりませんよ」

懐譲が言う。

「おや、そうかい。それがわかっていて、どうしてそなたは、坐禅をして仏になろうとするんだい。坐禅したって仏にはなれんよ」

道一はびっくりして、懐譲に教えを請いました。

道一が問う。

「では、どうしたらよいのですか」

懐譲が言う。

「人が牛車《ぎっしゃ》に乗っていて、牛車が動かなくなれば、そなたはどうするかね。車を打つか、牛を打つか、どちらかね」

道一は何も言うことができませんでした。

懐譲が言う。

「そなたは坐禅しているのか、それとも坐った仏のまねをしているのか、坐禅なら、禅は坐臥《ざが》にかかわらぬし、坐った仏なら、仏は禅定の姿にかかわらぬ。真理はどこにも居坐らぬ。

ことさら取捨してはならん。そなたは坐った仏を学んで仏を殺している。坐禅にとらわれるのは、禅に達する道ではない」

道一は、このいましめを聞くと、醍醐味を味わうようにその美味に酔いしれるのでした。


この問答は、後に加筆されたのかもしれませんが、三つの部分から成り立っていると思います。最初は「そなた、坐禅をしてどうするつもりか」から「おや、そうかい。……坐禅したって仏にはなれんよ」までです。ここは、甎を磨いても鏡にはならない、つまり、ただ坐禅しただけでは仏にはなれない（悟れない）と言っている訳です。私たちの魂は、元々創造主の分霊（仏性）であるので、元々悟っている訳です。それを理解したうえで坐禅して悟らなければならないということです。

二番目は「人が牛車に乗っていて、……どちらかね」です。ここでは、車が身体で、牛が魂・心な訳です。坐禅・内観・瞑想修行が滞っている場合は、心を調整、集中し直して先へ進むのです。私たちの心は元々仏なのですから、そこを強く意識するということなのです。

三番目は「そなたは坐禅しているのか、……禅に達する道ではない」という部分です。ここでは、坐禅している時だけが修行ではなく、日常の生活の全てが坐禅状態でなければならないということです。形は坐禅をしていない時でも、意識は高次元に置かなければならないということです。しかし、そうなるには長期間真剣に坐禅などの実践訓練をしなければなりません。

この問答は、一つの問答の中に禅の大切なポイントを三つ押し込めようとしています。そこでこの問答を読んでいると、論理の一貫性が感じられず、おかしな印象を受ける訳です。

このように禅問答というものは、本当に禅師たちが言ったことなのかわかりませんし、問答を記述した弟子や学僧たちが勝手に創作している場合もありますし、このようにいくつかの問答を一つの問答にしてしまっている場合もあります。ですから禅問答を解釈していると、おかしいなと思うことが多々あります。しかし、禅や仏教の大切なポイントを指摘している場合も多くあります。ですから禅師たちは、禅問答にあるような真理は語っていたのでしょうが、実際には語っていないことも記述されていると思っていた方がよいでしょう。キリスト教の聖書なども、学者によっては、その内容が六割くらいしか正確には伝わっていないと言っているようです。

この問答の中の二番目の部分ですが、この懐譲の言葉は、一般に『大荘厳論経』（馬鳴《めみょう》著）からのものといわれています。それは、ある尼僧が苦行しているバラモンの僧に「苦行などといって、ただいたずらに体を苦しめてみたところで、心の調整、制御を忘れていたのではなんにもならない。車が動かない時は、それを引く牛（心）を打つべきで、車（身）を打ったとてなんになろう」と忠告したという一節です。懐譲がこの一節をふまえていたことは事実でしょう。

この問答の三番目の部分ですが、行住坐臥《ぎょうじゅうざが》（日常生活）が坐禅になっている状態というのは、現象次元の俗諦《ぞくたい》にいながら、心は高次元の真諦《しんたい》に入りきっていて、その波動に浸りきっているという状態です。それが、全ての生活が坐禅状態になっているということなのです。

この現代に私たちも師について真理を学んでいますが、時代は違ってもまったく同じことを教えられています。いくら坐禅しても坐禅するだけでは悟れません。日常の心構えが大切です。厭離《おんり》（世の中と距離を置くこと）しなければなりませんが、分離意識を持っていては、ものを二つに見ることになり、目指す一相を得られません。このバランスは難しいのですが、大切なことなのです。また、やりたい放題、言いたい放題、思いたい放題していて、心の管理（身口《しんく》意《い》の三行。古来よりいわれていますが、この効果は絶大です。現代の聖者方もこれを勧めています）もできていないで、いくら坐禅しても全然進歩しません。徹底的な自己コントロールが必要ということです。また、自分を人間と思っていては、仮相の中にいることになるので、自分を仏（創造主の分霊、仏性、真如、本体、空）と常に思っているよう努力します。坐禅・内観・瞑想しなければ悟れませんが、それだけではだめだということになります。このことは実際に何年も坐禅しているとよくわかります。

なお「身口意の三行」とは、身行・口行・意行のことです。身行とは、他人を叩いたりして危害を加えないことです。口行とは、口に出して他人を悪く言ったり、批判したりしないことです。意行とは、心の中で他人を悪く思ったり、批判したりしないことです。

懐譲は、その門下に馬祖道一を出すことによって、その歴史的意義を発揮することになります。懐譲は、七四四年八月十一日、その大生涯を閉じました。

第十章

馬祖道一《ばそどういつ》

幼くして学問をきわめる

馬祖道一は、唐の七〇九年漢州に生まれました。俗姓は馬氏、馬祖という呼び名は、俗姓に祖という敬称をつけて作られました。道一は諱《いみな》です。容貌はまことに立派で大きく、歩くさまは牛のごとく、ものを見る眼には虎のような鋭さがありました。また舌を伸ばせば鼻まで届き、足の裏には足紋が二輪の模様をなして文字の様であったといいます。

この道一は幼くして九流六学をきわめたようです。九流とは、儒家、道家、陰陽家、法家、名家、墨家、縦横家、雑家、農家で、六学とは六経のことで、詞、書、礼、楽、易、春秋のことです。こういう秀才が、何の動機があったのか、若くして漢州の羅漢寺に入り、資州の処寂《しょじゃく》和尚のもとで出家し、後に渝《ゆ》州の円律師について具足戒《ぐそくかい》(戒律)を受けました。その後、頭陀行《ずだぎょう》に励みました。頭陀とは乞食《こつじき》して諸方を巡り歩き、思いのままに坐禅して修行することです。

その後、南岳《なんがく》の伝法院に入り、もっぱら禅定を学びました。そこで南岳懐譲《えじょう》に会い、南岳に十年いました。修行仲間九人のうちただ一人師に認められました。懐譲のもとを卒業してから、あちこちに住しました。江西の洪州開元《かいげん》寺に入ったのは大暦年間(七六六〜七八〇)の初め頃でしょう。馬祖の名声は大いにあがり、多くの修行者が集まって来ました。門下八百余人といわれました。

各自の心が仏そのもの

文献によりますと、馬祖はある日、大衆に説法しました。

原文の現代語訳

馬祖道一は大衆《だいしゅ》にこういう説法をしました。

「参禅学道を志す諸君はまず、諸君各自の心がとりもなおさず仏そのものである、この心がすなわち仏の心なのだということを信ぜよ。達磨《だるま》大師は、印度《インド》の南天竺国からこの中国に自ら渡来され、最尊最上の大乗そのものである心のほんとうのすがたを伝えて、諸君を開悟させてくれた。また『楞伽《りょうが》経』の文句を引用しては、衆生の心が仏心にほかならないことを、あきらかにしてくれた。諸君が、誤って、仏心は各自がみな本来具有しているのだと信じないことをおそれたのだ。『楞伽経』にはこうある。『仏の教法は心を第一としている。心こそ教法そのものなのである』と」と。

私たちは毎日、心のごく表面だけで生きています。外側の刺激に反応し、煩悩や相対意識を刺激され、現象的表面的に生きています。つまり相対次元の心しか使っていない訳です。

「仏そのものの心」は、心の一番奥底に横たわっており、それが本来の心です。宗教や仏教でいう心の次元とは、この次元の心のことを言っています。言い換えれば、これは「仏性《ぶっしょう》」「本性」「創造主の分霊」「内なる仏（神）」などと言います。この仏性が本来の私たちであり、坐禅・内観・瞑想によって、この仏性を顕現しなければなりません。

ここに「仏心は各自がみな本来具有しているのだと信じない」とあります。

実際に坐禅・内観・瞑想の修行を始めた人でも、いつの間にかこのことを忘れていることが多いものです。ですから、昔から聖者方がこのことを何回も繰り返して説法するのです。

坐禅・内観・瞑想を根気よく実践すれば、誰でもある時「宇宙の本源と一体」「神との合一」「涅槃《ねはん》」「我れ仏なり」を体験できます。それを一回でも体験すれば、仏心を本来具有しているのだと信じられるはずです。ですから、とにかくその体験をすることが大切だと思います。

馬祖といえば、一般に「即心是仏」の語が有名ですが、前述の現代語訳の原文にある「自心是仏」「此心即是仏心」も、「即心是仏」とまったく同じ趣旨です。

罪なし

また、馬祖は次のようにも言っています。

原文の現代語訳

仏法を求める者は、まずその求めるという意識を放棄し、超絶しなければならない。仏法の要諦《ようたい》は心であるが、実はその心が仏そのものなのだ。したがって、心のほかに仏はなく、仏のほかに心はない。要はその心そのものになりきることで、善も思わなければ悪も意識しない。清浄《しょうじょう》だの汚濁だのという相対的な偏見妄執の一切を絶した徹底無心の境地――これが悟りである。罪の本性は虚妄《こもう》なものにすぎないことを理解するならば、罪などというものは、およそ存在しなくなる。罪などの現象は全て無自性（固定的物質的本体はなく、因縁により生ずるものである）であるからだ。

これらで馬祖は「各自の心がとりもなおさず仏そのものである」「この心がすなわち仏の心なのだ」「心が仏そのものなのだ」「心のほかに仏はなく、仏のほかに心はない」と言っています。二祖慧可《えか》も「仏とは、この心のことじゃよ」と言っています。達磨以来の中国禅ではこう言い続けています。お釈迦様の「自燈明《じとうみょう》」、道元《どうげん》禅師の「仏道をならうというは、自己をならうなり」も同じことで、仏は外に求めるものではなく、自分の内に求めるものだということです。現代の聖者方も「神は自分の手よりも足よりも近い所にいた」と言っています。

自分の心が仏そのものだとわかると、初めて自分は救われたという気持ちが湧いてきます。この気持ちは何ものにも代えがたく、至福そのものです。今まで現象的にどんな成功をおさめたとしても、この仏体験の喜びに勝るものはないでしょう。

ここに「罪などというものは、およそ存在しなくなる。罪などの現象は全て無自性であるからだ」とあります。

モーゼの「十戒」やその他のどんな宗教の戒律でも、罪はあると言っています。

私たちが現象である相対次元を生きて、罪をなし、その後も相対次元を生きれば、その罪の報いが返ってきます。よく「過去世の報いだ」などというのはその例です。その意味においては、カルマは存在する訳です。

では、私たちが現象的な相対次元を生きて、罪を犯した後、反省して坐禅・内観・瞑想の修行生活に入ったとします。そして、自分の心の次元を相対次元から高次の絶対次元へ移行させたとします。すると、相対次元に犯した罪の報いが、もう返ってこなくなります。よく宗教でいう、「たとえ重い罪を犯したとしても、悟って神（仏）を知れば、帳消しになる」ということです。それがここでいう、「罪などというものは、およそ存在しなくなる」ということなのです。

私は今まで九人の師についたのですが、若い頃、二人目の師についた時のことです。この師は真言宗の大阿闍梨《だいあじゃり》で、病気治しの名人でした。私は初相見の時、この師に「今までに親の期待を裏切り、悲しませることばかりをしてきました。また、学校や先生に反抗したり、逆うことばかりしてきました。とにかくこの世やこの世の人々が大嫌いで、反抗ばかりを重ねてきました。今までに何一つとして建設的なことをしてきませんでした。このような人間はどんな罪を受けるのでしょうか」と問いました。すると、師は「罪などというものは存在しないのです。これからのあなたが、いかに仏とともに生きていくかが大切なのです」と答えてくれました。そして私に『善悪因果経』を渡してくれました。当時の私は、この言葉に心からホッとしたことを憶えています。

不是物《ふぜもつ》

また、次のような話もあります。

原文の現代語訳

僧が馬祖に問う。

「和尚は、どういうわけで、即心即仏と説かれるのですか」

馬祖が言う。

「子供の泣くのをやめさせるためだ」

（「意味のない偏見妄執にふりまわされている連中を悟らせようと思ってな」）

僧が問う。

「泣きやんだらどうなされます」

（「では、悟った時には、なんと言われます」）

馬祖が言う。

「非心非仏じゃ」

僧が問う。

「泣きもせず、泣きやみもせぬ男には、どうなされます」

（「即心即仏とも非心非仏とも言わないとしたら、人が教えを求めて来た時、どう指示をされますか」）

馬祖が言う。

「その男に不是物と言おう」

僧が問う。

「実際にそういう男がやって来たらどうされます」

（「今ここに、悟りきった人が来たならば、どうされますか」）

馬祖が言う。

「まあそんな男なら、まるごと大道をつかませる」

（「ふん。悟りきったなどというやつに、悟りきった者はおらん。改めてその男に仏法をわからせるまでじゃ」）

この「不是物」の「物」は「心」の意で、「是れ物なるにあらず」と読み、語意は非心非仏に同じです。「非心非仏」は、即心即仏の逆説ですが、禅ではこういう言い方をよくします。仏法の要諦は即心即仏でありますが、これを強く意識し、それにとらわれるとかえって真理を失うという配慮からこういう逆説を用います。ですから、即心即仏も非心非仏も不是物も同じことです。

解脱して、解脱させる

ある文献に、とても面白く、かつ私たちが反省すべき話があります。また馬祖の、どんなに下根《げこん》（才能のない人）な者がやって来ても、決して門前払いをせず、必ず何か向上のきっかけを見つけられるように工夫してやるという、優しい人柄も垣間見えます。長い話ですが紹介します。

原文の現代語訳

洪州の町に大安寺というのがある。寺主は経論の講義が専門で、ひたすら馬祖の悪口を言う。

ある日、真夜中にエンマ大王の使者が来て門をたたく。

寺主は言う。

「どなたです」

答えて言う。

「エンマの使者だが、寺主を捕えに参った」

寺主は言う。

「エンマの使者に申し上げる。私は今年、六十七才になり申す。四十年も経論の講義が専門で、人々を成仏させてきたが、あくこともなく論争ばかりしていて、まだ修行ができていない。一日一夜だけ待ってほしいが、よろしいか」

エンマの使者は言う。

「四十年このかた、経論を論じることにうつつをぬかして、修行ができぬというのに、今さら修行して何になろう。のどがかわいてから井戸を掘るようなもので、それが何の助けになろうか。寺主が今しがた『あくことなく経論を講じて、人々を成仏させてきた』と言ったが、人々を成仏させるなど、もってのほかだ。なぜなら、仏典に証拠がある。『自ら渡ることができて、他を渡らせることができる。自ら解脱できて、他を解脱させることができる。自ら罪を調伏して、他に調伏させる。自ら身心を静めて、他に静まらせる。自ら落ち着いて、他を落ち着かせる。自ら垢《けが》れを除いて、他に除かせる。自ら浄化して、他を浄化させる。自ら涅槃に入って、他を涅槃に入れる。自ら楽しんで、他を楽しませる』というように、そなた自らまだ心の安静を得ていないで、どうして他人の修行をとりもってやれようか。そなたも知るように、金剛蔵菩薩は解脱月菩薩に申しわたした。『わたしは必ず自ら正行を修めて、他にも正行を修めさせます。なぜなら、自ら正行を修することができないで、他に修行させることは道理にあわぬからです』と。そなたは生死する不浄の心で、口先だけうまいことを言って、まちがって仏法を伝え、凡人の心をだましている。そういうわけで、エンマ大王はそなたをいかり、我らに命じてそなたを引っ立て、すぐに刀樹林地獄に入れて、そなたの舌根を断たせられること、よもや免れ得まい。そなたも仏の言葉を知っていよう、『言葉でいくら説法しても、小ざかしい知恵で勝手に考えたもの。それで種々の障碍《しょうげ》（さまたげ）を生んで、自己の心をすら始末できない。自分の心を始末し、明らかにできないで、どうして正道がわかるであろう。かれはさかだちした知恵によって、ありとあらゆる悪業を増大せしめる』と。そなたは四十年このかた、口に悪業をつくって、それで地獄に落ちないで、何としよう。古仏の教えにもちゃんと証拠がある、『言葉で諸法を説いても、実相をあらわすことはできない』と。そなたは妄心をはたらかせて、口にみだりに説いたのだから、それでは、罪報を受けるのが当然だ。どこまでも自ら責め、自ら嫌悪せよ。けっして他を怨んではならん。今はもうすぐに行かねばならん。もしも遅れると、あちらのエンマ大王は我らを怒るであろう」

第二のエンマ大王の使者が言う。

「あのエンマ大王さまは、すでにこちらの次第をごぞんじだ。こうなったからには、ひとつこやつに修行させてやろうじゃないか」

第一のエンマ大王の使者は言う。

「それでは、一日だけ修行することを許す。我らはあちらに行って、エンマ大王さまに申し上げよう。大王が許されたら明日来る。大王がもし許さねば、小食後にやって来る」

エンマ大王の使者が帰ったあと、寺主はこの事を考えめぐらす。

「エンマ大王の使者は許してくれたが、私は一日でどのように修行しようか、よい考えはないものか」

夜明けを待たず、寺主は開元寺に来て門をたたく。

門番は問う。

「誰だ」

寺主が答える。

「大安寺主が参った。馬祖大師にごきげんうかがい申す」

門番は門をあける。寺主は馬祖大師のところに参って、先の事件を細かに話したあと、五体投地し、礼拝して立ち上がって言う。

「生死が到来申した、どうすればよろしいか。どうか和尚さま、お慈悲でござる、私の余命をお助け下さい」
馬祖大師は、彼を自分のそばに立たせた。夜が明けきると、エンマ大王の使者は大安寺に来るが、寺主を捜し出せず、さらに開元寺に来ても見つからずに帰って行く。馬祖大師と寺主には、エンマ大王の使者が見えるが、使者には馬祖大師と寺主が見えぬのである。

以上ですが、馬祖は自分の悪口を言っていた同業者をも、霊力を持って助けました。この寺主は馬祖の弟子となり、本当の修行の道に入ったことでしょう。

ここに「自ら解脱できて、他を解脱させることができる。……そなた自らまだ心の安静を得ていないで、どうして他人の修行をとりもってやれようか。……そなたは生死する不浄の心で、口先だけうまいことを言って、まちがって仏法を伝え、凡人の心をだましている」とあります。

私は約三十五年間坐禅修行してきましたが、このような宗教指導者を少なからず見てきました。

自分が解脱していないのに、解脱していると錯覚している師のなんと多いことでしょうか。また心の安静を得ていないで、そのために弟子たちを感情で怒る師たちのなんと多いことでしょうか。自分はまったく出来上がっていないのに、口先だけで聖者方の言葉を語ったり、間違った真理を弟子たちに伝えたり、名声や地位や権力や富を得ることだけに熱心で、私たちの心を騙している師たちのなんと多いことでしょうか。私たちは宗教家を見たら、まず疑ってかかり、その師が本物かをどうか見極め、本物とわかった場合のみ師事するべきでしょう。

　ここで、このエンマ大王の使者はとても大切なことを言っています。私も元住職ですが、住職、師家、仏教学者、学僧、仏教界で先生といわれている人々は、この言葉を、自分に対して言われていることであると謙虚に受け止めなければいけないでしょう。現代の聖者方も「自分の体験したこと（宗教体験）は言って良いが（しかし、どうだと自慢して言うのはいけません）、それ以上の、体験していないことを言ってはいけない」とか「悟ってもいないのに、悟った気になって人々の前で説法すると、大きな業《ごう》を作ることになってしまう」などと言っています。とにかく、人々に説く前に、自分が坐禅・内観・瞑想して仏（神）を見出すことが順序です。

　馬祖の特徴は、徹底して日常の生活の中に真実を見るということです。「平常心是道」（ありのままがそのまま真理）という言葉がそれを表しています。しかしこれは難しいことで、現実の中に宇宙の神秘性や真理性を具体的に見ることであるといわれています。深く坐禅・内観・瞑想していなければ、具体的には見えないでしょう。

　馬祖は、七八八年二月一日、沐浴して身体を清めたあと、正しく坐を組んで入滅しました。弟子には、百丈懐海《ひゃくじょうえかい》、南泉普願《なんせんふがん》、西堂知蔵《せいどうちぞう》、大梅法常《だいばいほうじょう》などがいます。

第十一章、龐居士《ほうこじ》

在家での修行

私が駒澤大学仏教学部に入学してすぐの一年生の時、複数の先生の講義で「お釈迦様や道元《どうげん》禅師が今この時代に生きていたなら、出家して僧侶にはなっていないでしょう」という話を聞き、大いに考えさせられました。また、筑波大学の宗教学の講義でも「現代の欧米のキリスト教徒で真に修行している人々は、教会を離れ十数人単位などで真理を求めて修行している。そういう団体がたくさんある。国内の仏教でも同じで、寺に属さず、在家（出家して僧侶にならず）のまま、悟りを求めて修行している人がたくさんいる」という話を聞きました。現代の聖者方も「昔と違って今は、教会や寺院に属さない方が修行しやすい」と言います。

お釈迦様や道元禅師の時代の寺院や僧侶は、宇宙の真理を求め坐禅・内観・瞑想して宇宙の真理を悟り、その真理を人々に教え伝えることが仕事でした。しかし、現代の寺院や僧侶の仕事は、葬式や法事を行い、お経を誦《よ》み、収入を得ることです。お釈迦様や道元禅師が、まったく仕組みの変わってしまったこの現代の仏教において、出家して僧侶になって葬式仏教に組み込まれるはずはありません。

仏教にも預言書というものが存在します。この預言書は「この現代には、僧侶が堕落し、修行をしなくなる。代わって一般の人々が修行をするようになる。一般の人々の中でも、男性はほとんど修行せず、女性が修行するようになる」というようなことを言っています。私は九人の師につき、それらの団体で修行してきましたが、その弟子たちのメンバーの中にはほとんど僧侶はおらず、メンバーの多くは一般の人々でした。その中でも大多数が女性でした。私は身を持ってこのことを体験しました。ある現代の聖者は「女性の方が宇宙の真理に関心があるのは、女性は生命のリズムを理解しやすいからだ」と言っていました。

昔の寺院や教会は、修行して悟り、それを人々に伝え教えることが仕事でした。ですから当然、世俗に汚れていない、次元の高い波動の良い場所になっています。それゆえにそこは修行のしやすい場所でした。現代の教会や寺院は、それと違って本来の目的を果たしていないので、世俗にまみれてしまい、次元が高いとはいえない、波動が良いとはいえない場所になってしまっているようです。ですから実際に修行をしてみると、修行がしづらく、かえって修行者は、教会や寺院に属さない方がよいのだと思います。

私の昔の師で「日本で一番坐禅のできる禅僧」は、なるべく修行がしやすいように、檀家数のとても少ない寺院の住職になり、修行をしていました。それでも不満足で、結局は寺院の住職を辞め、自分で小さな庵を建て、そこで坐禅修行に専念していました。それで修行が大いに進んだそうです。

私の友人の僧侶が「私は、お寺で坐禅してもどこで坐禅しても、まったく変わりません」と言っていました。私の経験から言うと、世俗の波動に浸りきってしまうと、霊的にとても鈍感になってしまい、場所の波動や場所の因縁などを識別できなくなってしまうのだと思います。

私は祈願寺兼観光寺の寺院の住職をしていたことがありますが、やはり寺の中で坐禅をすると、絡みつくような、もやっとした波動に包まれ、とても坐禅がしづらくイライラしました。四六時中いろいろな人が寺を訪れ、いろいろな波動を持って来て、さまざまな思いを落としていきます。家族の病気が治るようにという思いや、会社が倒産しないようにという思い……それらの思いに良い悪いはないのですが、そこにはどうしても、悲観的なマイナス的な想念が発生し、それが寺で修行している者に絡みついてくるようです。

私の昔の師は「宇宙の法則で、暗いものは明るいものに引かれていく。だから初心の修行者は、マイナス的な想念、波動を受けてしまいがちなので、気をつけてください」と言っていました。

在家の禅者

この龐居士は、出家して僧侶になった方が修行しやすかった昔の時代に、あえて修行しづらかった在家を選んで修行し、悟った方です。この龐居士という人物については、中国でも我が国でも、もはや知る人はほとんどいません。しかしかつては、在家俗人を貫きながら悟りに達した禅者として、多くの人々に敬愛されてきました。我が国においても、五山の禅僧の詩文にしばしば見られますし、道元禅師の『正法眼蔵《しょぼうげんぞう》』にも多く取り上げられています。我が国では、この龐居士の語録『龐居士語録』は、明治期まで読まれ続け、禅宗ではテキストにも用いられましたが、今ではまったく忘れ去られています。

龐居士は、馬祖道一《ばそどういつ》の門下の一人です。独自の境地を開きましたが、出家して僧にはなりませんでした。養うべき妻子があったので、一俗人として修行しました。そのために中国の維摩《ゆいま》居士《こじ》（インドの富豪で、大乗仏教の奥義に達した居士）といわれています。

龐居士は名を龐蘊《ほうおん》といい、伝記は詳しくはわかりません。生年は不明ですが、唐の八〇八年に亡くなったことはほぼ確かなようです。生地は衡陽《こうよう》で、後に襄陽《じょうよう》に住みました。妻と息子と娘の四人暮らしでした。この四人ともひとかどの禅者であり、ことに娘の霊照《りんしょう》女は有名です。

龐居士が馬祖に参じた理由はよくわからないのですが、文献によりますと、丹霞天然《たんかてんねん》（七三九～八二四）と儒学を学び、ともに都の長安へ科挙《かきょ》（官吏登用試験）の試験を受けに行く途中、一人の旅をしている僧に出会いました。この僧は二人に「官に選ばれるよりは仏に選ばれる人となれ」と教えました。そこで二人は馬祖の下に参じました。

龐居士は、湘江《しょうこう》に一切の財宝を沈めてしまいました。一切の執着を断ち切って無所有になるためです。その後は竹ざるを作ってそれを売り、生活をしていました。

道元の見た龐居士

道元禅師は、出家しなければ修行しづらい当時にあって出家主義でしたが、この在家の禅者龐居士については別扱いをしています。道元禅師の語録である『正法眼蔵随聞記』から一部分を引用してみます。

原文の現代語訳

ある日、僧が来て仏道修行の心構えを問うた。その機会に説いて言われた。仏道を学ぶ人はまず貧でなければならぬ、と。財物が多いと、きっと志が失われる。在家の人間で仏道修行をなす者の場合は、なおも財宝に関わり、住所に執着し、親族と交際を続けていれば、その志はあったにしても、修行の障りとなる因縁が多い。昔から俗人で仏道修行する人は多いが、そのなかでは立派といわれる人であっても、それでも出家者にはかなわない。出家した人間は三衣と一鉢のほかは財宝を所持せず、住む所にも関心を持たず、衣や食をむさぼらずに、ただひたすらに修行をするので、それぞれに利益をうけることができるのである。なぜかといえば、貧であるからこそ修行に親しめるのだ。龐居士という人はたしかに俗人ではあったが、それでも僧と同様に禅の分野にその名を残しているのは、この人は参禅の最初に、自分の家にあった財宝を持ち出して海に捨てようとしたのであった。それを見た人は忠告して言った。その財宝を人助けに使ったり、仏教のために使った方がよい、と。そのとき、居士はそう言った人間に向かって反論した。自分は自分にとって害となるものだと思ってこれを捨てるのだ、と。害と知りつつ、どうして他人に与えるか。財宝は身心を悩ませる害物にほかならぬと言いきって、彼は海に捨てた。そうしてあとは、生活のために笊《ざる》を作って、それを売って暮らした。俗人ではあったが、このように財宝を捨ててはじめて善人と言われるのだ。ましてや出家者たるべきものは、きれいさっぱりと財宝を捨てるべきである。

ここに「住所に執着し、親族と交際を続けていれば、その志はあったにしても、修行の障りとなる因縁が多い」とあります。

真理探究者は、この相対次元の仮相を離れなければ、真理を獲得することは難しいでしょう。先祖代々の土地や子どもの頃からの親友がたくさんいる土地に執着していれば、本当の霊的修行はできないようです。また親しい親戚一同たちと、肉体に次元をおいた現象的な交際を続けていれば、肉体の次元を超えた霊的次元には至れないようです。

ですから古来真理探究者は、家や土地を出るため、出家するのでしょう。現代の聖者方も、家族や親族との肉体次元の交際を続けていれば、霊的次元である神との交流が不可能になるので、同じように周囲の人々と距離を置くようです。お釈迦様もイエス様も住所に執着せず、肉体の次元での親族との交際はしませんでした。

性格の良い心優しき修行者は、この家族や親族と距離を置くということがなかなかできないようです。そして、結局長い無駄な時間を費やしてしまい、仏（神）との交流が大いに遅れてしまうことになるようです。家族や親族に愛情を持ち、彼らを大切に思うことは悪いことではないのですが、それらを乗り越え、きちんと距離を保たなければ、仏（神）との距離はいっこうに縮まりません。修行者は心を鬼にして、これを乗り越えなければいけないのでしょう。

このことは、多くの人が疑問に感じ、不快に感じることのようです。しかし仮相に生きていれば、真理も獲得できませんし、涅槃《ねはん》にも至れません。

多くの人が忘れていますが、人生の真の目的というものは、宇宙の真理を体得し、涅槃に至ることなのです。その目的を達成するまでは、何度でも人間に生まれ変わって来ることになるのです。

ここで道元禅師は「財宝を捨てよ」と言い、イエス様は「財産を処分して貧しきものに施せ」（『新約聖書』「マルコによる福音書」第十章）と言いました。ともかく、財を所持していては、仏の道、神の道を歩むことはできないということでしょう。また、イエス様は「子たちよ、神の国に入るのは、なんと難しいことであろう。富んでいるものが神の国に入るよりは、らくだが針の穴を通る方が、もっとやさしい」と言いました。

しかし、現代の欧米の聖者方は、そうは言わないようです。私たち修行者は「修行者というものは、財産や富があっては修行ができない、それはいけないことだ、それは修行者にあるまじきことだ」と思っています。現代の聖者方は、それは間違っていると指摘しています。「修行を一生懸命にやりながら、現象面で財や富を得たとしても、それは悪いことではない。それらに執着せず、良き運用をすればよいのだ」と言っています。

聖者方は、その時代に合わせて、その人に合わせて説法（対機説法《たいきせっぽう》）をするので、こういうような一見矛盾とみえるような説法も存在するのだと思います。

お経を読む時

また、面白い話があります。

原文の現代語訳

ある時、龐居士が床上で横になってお経を読んでいました。

それを見たある僧が言いました。

「居士よ、お経を読むには威儀を正して読まねばならぬぞ」

すると龐居士は、片足をはね上げただけでした。

その僧は、一語も発せず黙したままでした。

お経を読む時は姿勢を正しく読むというのが常識なのでしょう。それなのに龐居士は横に寝ころがって読んでいたのです。まだ悟っておらず、人の境地を見ることのできない、形だけを見ている段階の僧なら当然注意することでしょう。読んでいる形ではなく、読んでいるお経の内容をどれだけ真に理解しているのかが問題のはずです。片足をはね上げた龐居士は、こういう僧など相手にしておらず、茶化しているのだと思います。

悟りの家族

また、面白い話が『龐居士語録』の序にあります。概要を紹介してみます。

原文の現代語訳

龐居士はやがて入滅しようとしました。娘の霊照に言いました。

「世の中の全ては幻化《まぼろし》。実体なんてないのさ。ちょっと外に出て、お日様の高さを見て来てくれ。お昼になったら知らせてくれ」

龐居士は、お昼に入滅するつもりだったのでしょう。

娘が知らせます。

「お父さん、もうお昼ですよ。それに日蝕《にっしょく》ですよ。ちょっとご覧になっては」

「まさか……」

と言いつつ、龐居士が外に出ます。

そのすきに霊照は坐禅を組んでそのまま入滅しました。

龐居士はそれを見て、

「娘のやつ、すごい早技を演じおったわい」

と言い、薪《たきぎ》を集めてこれを焼きました。

七日経って、土地の太守の宇頔《うてき》公が見舞いに来ました。太守は以前より龐居士に心服していました。

龐居士は、その太守に向かって語りました。

「全ては空無です。影や響きのようなものです。空《くう》を実体化して、それに執着してはなりません。達者で暮らしなされ」

言い終わるや否や、部屋にえもいわれぬ香りがたちこめたかと思うと、そのまま端坐して入滅したのでした。

「遺骸は焼いて灰にし、川や湖に捨てよ」

との遺言がありました。

太守は龐居士の葬儀を取り仕切るかたわら、このことを居士の妻に報じました。

知らせを聞いた妻は、こう言いました。

「あのばか娘とぐうたら亭主は、私に断りなしに死んでしまった。がまんならぬ」

妻はその知らせを息子に伝えました。息子は畑にいました。

「おやじと霊照は行ってしまったよ」

すると息子は、鋤《すき》を手から放して、一声叫んだまま立亡《りゅうぼう》（立ったまま入滅）しました。

妻は、

「何というばか息子だ」

と言うや、火をつけてこれを焼きました。

最後に残った妻もまた村人に挨拶をすませ、世を捨てていずこへ行ったか誰も知りません。


この話は誇張されている部分が多いのでしょうが、この龐居士の一家四人は、皆悟っていたといわれています。

禅問答

『龐居士語録』では、龐居士は、石頭希遷《せきとうきせん》、馬祖道一、薬山惟儼《やくさんいげん》、丹霞天然、大梅法常《だいばいほうじょう》などと問答をしています。馬祖との問答で次のようなものがあります。

原文の現代語訳

そののち居士は江西へ赴いて、馬祖大師に参見し、質問した。

「一切の存在と関わりをもたぬ者、それはどういう人でありましょうか」

馬祖は答えた。

「お前が西江の水を一口で飲み切ったら、それを言うてやろう」

居士は言下にはたと玄妙の理を悟った。

そこで呈した偈《げ》がある。

「心空じて及第せり」

かくて馬祖のもとに逗留し、二年のあいだ教えを受けた。

その時詠じた偈がある。

「息子はあれど嫁は取らず、娘はあれど嫁には行かぬ。一家そろってむつまじく、仏の法を語り合う」


ここの馬祖の「お前が西江の水を一口で飲み切ったら、それを言うてやろう」という言葉への解説として、林泉老人（陸応陽）は「居士の問い方は、無を有として、かたちを見極めようとかかっている。馬祖の答え方は、相手の言葉の源をふさいだのではあるが、それとなく心の水脈は通わせている」と説明しています。

「無生」とは、一切のものは本来無生無滅（不生不滅）であり、ただ因縁によって仮に消滅の相を取るにすぎないとする仏法の根本的な理です。

この禅問答の中での龐居士の質問「一切の存在と関わりをもたぬ者、それはどういう人でありましょうか」と、馬祖の答え「お前が西江の水を一口で飲み切ったら、それを言うてやろう」は、質問している龐居士が俗諦《ぞくたい》（相対次元・現象次元）から質問していて、それに対して馬祖は「相対次元の頭でいくら考えてみても、真理はわかりはしないよ。坐禅・内観・瞑想して絶対次元に入ったら、心の次元でわかるよ」ということを、真諦《しんたい》（真理次元・絶対次元）から答えているのでしょう。それが「お前が西江の水を一口で飲み切ったら、それを言うてやろう」という表現になったのでしょう。

もう一つ紹介してみましょう。

原文の現代語訳

ある日、居士はまた馬祖に尋ねた。

「筋も骨もない水が、見事に万石舟《まんごくぶね》をも載せるという、こうしたことはいかなる道理でありましょうか」

馬祖が答えた。

「ここには水もなければ舟もない。筋だの骨だのと、いったい何の話かね」

ここでは居士の構築した枠組みを、その拠《よ》って立つ場そのものを、根元から払い去っています。禅門ではこれを掃蕩門《そうとうもん》といいます。南泉禅師は「馬祖にこう言われて、居士はつまってしまったが、なんと手間が省けたではなかったか」とコメントしています。「手間が省けた」とは、馬祖のこの答えのお陰で居士は一挙に悟境に導かれたこと、それなしではなお修行に要したであろう手間ひまが一切省かれたことをいっています。

この禅問答でも、質問する側はまだ悟っていないので相対次元・現象次元から質問しています。答える側は、悟っているので絶対次元・空次元から答えています。このように、まだ悟っていない者とすでに悟っている者は、立ち位置、土俵が違っているのです。

第十二章
趙《じょう》州《しゅう》従《じゅう》諗《しん》

趙州真古仏

馬祖道一《ばそどういつ》の門下南泉普願《なんせんふがん》（七四八〜八三四）下に出た趙州従諗（七七八〜八九七）は、曹州《そうしゅう》の人で、俗姓は郝《かく》、諱《いみな》を従諗といいます。

趙州は幼くして曹州の寺で出家しました。趙州は経論に関心のあるタイプではなく、出家し、具足戒《ぐそくかい》を受けずに、師とともに行脚《あんぎゃ》して、南泉普願の道場に行きました。経論から入って来る禅者も多い中、趙州は初めから実践主義の禅者でした。

趙州の中国での評価の高さはもちろんのこと、我が国でも道元《どうげん》禅師は「稽首《けいしゅ》（頭を地につけて敬礼する意）す趙州真古仏、趙州以前に趙州なく、趙州以後に趙州なし」と傾倒し、坐禅をする高名な仏教学者の鈴木大拙は、『趙州録』を愛読すること多年であったそうです。

趙州の伝は、種々の文献などに見られますが、『趙州録』の中の「行状」が一番詳しいものです。

主人はどなた

「行状」によりますと、趙州が南泉に初相見の時、南泉はたまたま横になっていました。

原文の現代語訳

南泉がすぐにたずねた。

「どこから来たのか」

趙州が答えた。

「瑞像院です」

南泉がたずねた。

「めでたい姿（瑞像）を見たのか」

趙州が答えた。

「瑞像は見ませんが、寝ていらっしゃる如来さまは見ました」

そこで南泉は起き上がってたずねた。

「おまえは主人（師）のある沙弥《しゃみ》（見習い僧）か、主人のない沙弥か」

趙州が答えた。

「主人はあります」

南泉がたずねた。

「おまえの主人はどなたか」

趙州が答えた。

「一月とはいえ、まだ寒うございます。どうか尊いお身体に気をつけられますように」

南泉は趙州の才能に驚き、維那《いのう》（高位の僧）を呼んで言った。
「この沙弥は、坐禅堂の特別の席に坐らせろ」

この問答の中の「瑞像は見ませんが、寝ていらっしゃる如来さまは見ました」というのは、趙州は南泉を悟っている如来と見ている訳です。

趙州の答え「主人はあります」は、南泉を、これから指導を受ける師と認めている訳です。あるいは「私の主人（師）は、私自身の中にいる内なる仏であるので、主人はあります」ということでしょう。

南泉の「おまえの主人はどなたか」に対する趙州の答え「一月とはいえ、まだ寒うございます。どうか尊いお身体に気をつけられますように」は、自分の主人（師）は南泉なので、師の健康を気遣っているのでしょう。あるいは、趙州は、南泉が期待している答え「私の主人は、私の中にいる仏です」をわざとはぐらかして、あえてこういう言い方をしたのだと思います。「南泉は趙州の才能に驚き」とありますので、多分後者の解釈が正しいのだと思います。

道とは

南泉との初相見で才能を示した趙州は、ある日の南泉との問答で悟りを開きます。

原文の現代語訳

趙州が南泉に問うた。

「道とはどんなものですか」

南泉は言った。

「ふだんの心がそれだ」

趙州が問うた。

「それを目あてに修行してもいいでしょうか」

南泉は言った。

「何かを目ざして求めようとすると、そのとたんに外れてしまう」

趙州が問うた。

「それを目ざして修行してみなかったら、どうしてそれが道だということが知れましょうか」

南泉は言った。

「道は知るとか知らぬとかいうことと関わりはない。知るというのは妄覚だ、知らぬというのは無記だ。もしほんとうに目ざすことのない道に達したら、ちょうど虚空のように、からりとして空《くう》である。そこを無理にああのこうのということなどできはしない」

趙州は言下に奥深い旨を悟って、明月のような心境を得た。

この問答をわかりやすく解説すると、
趙州「仏道とはどういうものですか」
南泉「道元禅師が言っている『仏道をならうということは、自己をならうことなり』や慧可《えか》が言っている『仏とは、この心のことじゃよ』にあるように、あなた自身の心が仏道であり、仏そのものであり、宇宙の本源なのだ」
趙州「それを目当てに修行してもいいでしょうか」
南泉「『自分の心が仏、自分の心が仏』と思って獲得、獲得しようと思い追及しているうちに、いつの間にか頭の中で追求してしまい、獲得するものは何もなかったという目的点から外れてしまう」
趙州「自分の心の内を目指して修行してみなかったら、どうしてそれが仏道だということがわかりましょうか」
南泉「仏道は知るとか知らぬとかということと関係はない。ただ本心から無心になり、何も目指さず、自分が宇宙の本体そのものである、創造主（仏）そのものであるという思いに真に浸りきった時に、それが仏道だと実感してわかるのである」ということでしょう。

貧しい生活

この趙州が悟りを開いたのは十八歳の時であろうと推測されています。そしてすぐに崇嶽《すうがく》で戒を受け、再び南泉の道場に戻りました。その約四十年の間、南泉に随侍しました。南泉は趙州が五十七歳の時に亡くなり、趙州は三年間喪に服した後、六十歳にして行脚に出ました。これがいわゆる「趙州再行脚」であり、趙州はいつも「たとい七歳の童子でも、我に勝る者ならば、我れはかれに問う。百歳の老翁でも我れに及ばぬなら、我れはかれに教えよう」と言っていました。趙州（人名）は八十歳を迎えて、趙州（場所名）の東にある観音院の住職になりました。このため人々から「趙州和尚」の名で慕われることになりました。観音院に四十年間住し、百二十歳を迎えました。

趙州の観音院での生活ぶりは『趙州録』の「行状」にあります。

原文の現代語訳

八十才になって、はじめて趙州の町の東にあった観音院に住職した。有名な趙州の石橋から十里あまりの所である。寺の生活は貧しくて体はやつれおとろえたが、その志は古人の遺風を継いだ。僧堂の前架《ぜんか》（飯台や行茶用の器物を置くためのもので、僧堂の外堂にある棚）も後架《ごか》（洗面器などを置くもので、雲水の洗面所をいう）もない簡素なもので、ともかくやっと食事ができる程度であった。坐禅用の椅子の足が一本折れると、焼け残りの薪《たきぎ》を縄でしばりつけた。他に新しい物を造ろうとする者があると、その度に師は許さなかった。住職となって四十年の間、檀家に手紙一本届けたことがなかった。

趙州和尚の枯淡さ、高潔さがよく表われています。「手紙一本……」というのは、檀家に寺の実情を訴えて、寄進を乞うことをしなかったということです。四十年間財を蓄えることもなく、常に米穀を欠き、栗や椎を拾って食べていました。

ここに「坐禅用の椅子」とあります。当時でも、椅子を使って坐禅をする人々もいたということです。現代の欧米人たちは瞑想する時、椅子を使って椅子坐で行う人が多いようです。私がついた師たちも、椅子坐でもよいと言っていました。背骨さえ垂直になっていればよいようです。万一病床に伏している場合は、横になって瞑想しても悪くはないようです。

犬に仏性《ぶっしょう》

『趙州録』にはたくさんの問答がありますが、いくつか紹介しましょう。

原文の現代語訳

修行者が問う。

「犬にも仏性がありますか」

趙州が答える。

「ない」

修行者が問う。

「上は諸仏から下は蟻に至るまで、全て仏性があります。犬になぜないのですか」

趙州が答える。

「彼に業識性《ごっしきしょう》があるからだ」


この問答の前半は『無門関《むもんかん》』第一則の公案《こうあん》（勝れた禅僧の悟りの機縁や言行をさし、これが修行者たちの修行の標準、あるいは師家が弟子たちを指導する手段として用いられた）として引かれて、有名です。業識性とは、惜しい、欲しい、憎い、かわいいなどという業識（まよい）

の性質をいいます。
学者や師家は、この「無」は「有るとか無い」の無ではなく、もっと高次元の肯定であるとか、有る無しの相対的な無ではなく「絶対無」（絶対清浄《しょうじょう》＝本来の面目《めんもく》＝本来の自己＝空）であると説明しています。禅では、修行者を論理以前の体験の世界に導くために、このような問答を使います、
現代の聖者方は、仏性は全てのものに遍満している、全てのものは仏性そのもので、全ては一つで、白光に輝いていると言います。犬は坐禅・内観・瞑想できないので、仏性を顕現することはできないでしょう。

ここに「彼に業識性があるからだ」とあります。

これは、この質問をした修行者に、惜しい、欲しい、憎い、かわいいなどという相対世界の迷いがあるから悟れないのだと言っているのでしょう。しかし心の表面に業識性があっても、心の根底には仏性があるので、犬もこの修行者も、仏性さえ顕現できれば悟れるはずです。

禅問答というものは、まだ悟ってはいなくて、この相対世界をウロチョロしている修行者と、すでに悟って高次元に意識を置いている師の問答ですから、両者の立ち位置が違うので、読んでいても訳がわからないことが多いのです。師の方は手を変え品を変え、「相対次元に意識を置かないで、坐禅・内観・瞑想して次元を上げて（見性《けんしょう》くらいして）答えを出せ」と言ってい

る訳です。
ですから、この禅問答を以下のように解釈してもよいのではないでしょうか。
修行者「犬にも仏性がありますか」
趙州「お前のように、あるかないかを頭の中だけで考えている者に対しては、私は『ない』と答えることにしている」
修行者「上は諸仏から下は蟻に至るまで、全て仏性があります。犬になぜないのですか」
趙州「犬にもお前にも（犬＝お前とも）仏性はない。私はまだ仏性を顕現していないものには、仏性がないと答えることにしている」

禅問答

私は以前修行に興味のある後輩たちに頼まれて、一緒に坐禅をしたことがありました。私は向かい合って坐ったその後輩たちが、ある時間を過ぎてパッと意識のレベルが上がったことを感知できました。坐禅後に後輩たちに聞いてみると、後輩たちもまさにその時に意識が急に開けて、次元が上がったような気がしたと言っていました。

私程度の修行者でもこうですから、悟った師ならなおさらハッキリ、その弟子たちがどの段階にいるのかということはすぐわかるはずです。それゆえに私は、禅問答というものは本当に必要なのかどうか今でも疑問を持っています。お釈迦様もイエス様もインドの聖者方も現代の聖者方も、禅問答はしていないようです。

私も高名な禅僧のもとで禅問答の修行をしましたが、禅問答とは「物事を相対次元の頭の中で考えても、宇宙の真理はわからない」ということをわからせるものだと知りました。

私は、悟った人は真理をわかりやすく伝えることが仕事だと思っています。悟った禅師方が今伝わっているように、わかりづらい、紛らわしい、複雑な答え方をなぜするのか疑問が残ります。


私が若い頃、僧見習いとして禅寺に入っていた時の体験を紹介します。私の師は「日本で五指に入る禅の高僧」「最後の禅僧」と言われた人でした。

その師が問いました。

「犬には仏性があるか」

私は答えました。

「仏教では悉有《しつう》仏性、つまり、全てのものには仏性ありと言いますので、私にも犬にも仏性はあります」

師が言いました。

「だめだ」

その後私は、何日間か深く坐禅してわかったので、また師のところへ行きました。

師は問いました。

「どうだ、わかったか」

私は答えました。

「深く坐禅してみると、私も周囲の全てのものも皆白光に輝いていました。ですからここに犬がいるとして、その犬を深く見てみれば白光に輝いているはずで、それは仏性を持っているからです」

師は言いました。

「よろしい」

このように、最初頭の中で出した答えはダメで、坐禅を実践して、心の次元で出した答えが正しかったのです。これが禅問答の存在する意義なのでしょう。

禅の要諦《ようたい》

その他、禅の要諦に関するいくつかの問答を紹介しましょう。

原文の現代語訳

問う。

「根源に帰るとは、どういうことですか」

趙州が答える。

「帰ろうとすれば、すぐにくいちがう」

私たちは、坐禅をして深く入った時に宇宙の根源に入ります。全てが一つで、自分自身が宇宙そのものだと感じます。

悲しいかな初心の修行者は、一時的にそのような宇宙体験をしても、何かのきっかけでその坐禅レベルからすぐに落ち、また不満足な坐禅に入ります。もう一度その根源に帰りたいと思い、いきばって坐禅すればするほど、根源から遠ざかってしまいます。欲が出て無心ではなくなっているからです。ですから、根源に帰ろうとすればするほど、すぐに食い違ってしまう訳です。

原文の現代語訳

問う。

「聞くところによりますと、古人の語に『空っぽで明らかでみずから照らす』というのがあるそうですが『みずから照らす』とは、どういうことですか」

趙州が答える。

「『他者が照らす』と言うてはおらぬ」

問う。

「照らし切れぬ場合はどうですか」

趙州が答える。

「そら、ぼろを出した」


ここに「みずから照らす」とあります。

坐禅・内観・瞑想している人は、何回かその体験があるのでわかると思いますが、坐禅を深くしていくと、自分のハートの辺りから、外に向かって白光が放射していることに気がつきます。内なる仏（神）が輝いている訳です。お釈迦様の言う「自燈明《じとうみょう》」です。他者（お釈迦様、観音様など）が照らすのではなく、自分自身が自分を照らすのです。

ですからどんな人でも、心の内に仏性が輝いている訳で、深く坐禅すれば、その光が絶えず外に放射しているということで、照らしきれぬ場合などというものはありません。

この修行者は、一度も内在の仏性を見たことがないので、ぼろを出してしまった訳です。

原文の現代語訳

問う。

「悟った人は、どうするのですか」

趙州が答える。

「それこそ大修行する」

問う。

「老師も修行なさいますか」

趙州が答える。

「衣を着たり、ご飯を食べたりする」

問う。

「衣を着たり、ご飯を食べたりすることは、日常普通のことです。修行されるのですか、されないのですか」

趙州が答える。

「ひとつ言うてみよ、わしは毎日何をしているか」


ここに「衣を着たり、ご飯を食べたりする」とあります。

初心の修行者は、形的に坐禅をしている時が修行をしている時だと思っています。現象次元の目しか持っていないからそう思ってしまうのです。初心の修行者は、衣を着たりご飯を食べたりしている時はその動作をしているだけです。一方悟った師は、衣を着ている時でもご飯を食べている時でも、宇宙の本源と一体になっています。

初心の修行者は現象次元にいるので、高次元にいる悟った師の心の状態（振動数・境地）がわかっていないということです。

原文の現代語訳

問う。

「路を錯《あやま》らぬとは、どんなことですか」

趙州が答える。

「本心を知り、仏性を見ること、それが路を錯らぬということだ」

ここに「路を錯らぬ」とあります。

悟った師の立場からいえば、道を錯るということは、相対次元の日常現象から物事を見て判断することです。道を錯らぬということは、坐禅・内観・瞑想して自分の内にある仏性を見て、自分が元々仏であると知ること、つまり高次元を体験し、その観点に立って生きることです。

換言すれば、この地球上の真理、ルールを生きることではなく、宇宙の真理、ルールを生きることだということです。宇宙の真理、ルールを生きるということは、道を錯らないということなのです。

原文の現代語訳

問う。

「わたくしは愚かで、沈んだり浮かんだりしています。どうしたら抜け出ることができましょうか」

趙州はただ黙って坐っておられた。

問う。

「わたくしはこのとおり老師におたずねしています」

趙州が答える。

「あんたはいったいどこで沈んだり浮かんだりしているのか」


ここに「あんたはいったいどこで沈んだり浮かんだりしているのか」とあります。

初心の修行者は心の表面でしか生きていません。つまり現象的な表面でしか生きていないのです。それでは外からの刺激にしか反応できず、表面的な心で悲しいことがあれば沈み、嬉しいこと楽しいことがあれば浮かび上がり、その連続です。

初心の修行者も深く坐禅・内観・瞑想すれば、内に光る仏性が自分の本性であることがわかり、至福、涅槃《ねはん》に至ります。そこには浮き沈みはありません。趙州はこのことを言っている訳です。

原文の現代語訳

問う。
「老師はどなたに嗣法《しほう》されましたか」
趙州が答える。
「趙州従諗だ」

ここに「趙州従諗だ」とあります。

どんな人にとっても、真の師は他人ではなく、各人に内在する仏性（創造主の分霊・内なる神）です。誰でも深く坐禅・内観・瞑想すれば、心の奥底に光る自分の本心である仏性を感得できます。

この仏性（仏）というものは、宇宙の創造主の分霊ですから、宇宙の創造主（宇宙の真理）そのものの訳で、愛と英知に満ち溢れています。その愛と英知が各人の本当の師であり、各人を導いてくれます。これが、お釈迦様の言う「自燈明」ということです。各人に内在する仏性が師ということです。

原文の現代語訳

問う。

「ただ釈尊お一人だけが善知識だというのは、どうですか」

趙州が答える。

「悪魔の語だ」


ここに「ただ釈尊お一人だけが善知識」とあります。

お釈迦様は坐禅・内観・瞑想して仏性を顕現しました。宇宙の真理を悟りました。この仏性というものは、全ての人、全ての物に内在しています。ですから坐禅・内観・瞑想して、自分が仏性であるということが真にわかれば悟りです。つまり悟った人（善知識）になったということです。全ての人が悟り人になれるという可能性を持っています。地球創生以来、多くの人々が悟りました。

ですから、お釈迦様一人だけが悟り人だというのは間違い（悪魔の語）です。現代の欧米の聖者方は「イエス様のみが神の一人子」という考え方は間違っていると言い、仏教で言う「悉有仏性（全ての物に仏性あり、全ては神の子）」が正解だと言っています。

原文の現代語訳

問う。

「因果を離れた人とは、どんな人ですか」

趙州が答える。

「あなたにたずねられるという機会がなかったら、ほんとに気がつかぬところだった」

ここに「因果を離れた人とは、どんな人ですか」とあります。

この現象の相対次元を生きるということは、因果の世界を生きるということです。それを離れた人ということは、この現象の相対次元に身を置きながらも心の振動数を上げ、高次元の心で生きている人です。つまり涅槃を体験している人、悟っている人です。

そういう人はいつも因果を離れて生活しているので、こういう質問をされるという機会がなかったら気がつかないということです。

原文の現代語訳

問う。

「『根本に帰すれば宗旨を得るが、外に物を見れば大本を失う』というときは、どうですか」

趙州が答える。

「わしはその問いには答えない」

問う。

「どうか老師お答えください」

趙州が答える。

「わしは答えるべきではないのだ」


ここに「わしは答えるべきではないのだ」とあります。

内なる仏（神）を求めて坐禅・内観・瞑想すれば、自分自身が仏である、自分自身が宇宙の本源であるとわかります。内なる仏に向かわず、外に仏を求めれば大本を失います。

このことは師が答えるべきではなく、修行者自身が坐禅・内観・瞑想を実践して知るべきことなのです。

原文の現代語訳

問う。

「『根本に帰れば宗旨を得る』とは、どんなことですか」

趙州が答える。

「あんたに答えると、すぐに本旨にもとる」

ここに「あんたに答えると、すぐに本旨にもとる」とあります。

坐禅・内観・瞑想して内なる仏を発見すれば、真実を得ます。しかし、その体得した真理を他人に言葉で説明すると、言葉というものは相対的なものなので、すぐ真理から外れてしまいます。ですから、自分自身で坐禅・内観・瞑想して、体得しろということです。

原文の現代語訳

問う。

「沙門（僧侶）の行とは、どんなものですか」

趙州が答える。

「行を離れている」

ここに「行を離れている」とあります。

初心の修行者は、修行を坐禅・内観・瞑想している時だけだと思っています。しかし真の修行者は、坐禅・内観・瞑想している時だけが修行ではなく、それ以外の行住坐臥《ぎょうじゅうざが》（日常の生活）も大切な修行の時間だと思っています。この行を離れた時間の行こそ大切なのです。

私が初心者の頃ついた師は、私に「あなたは朝の坐禅と夜の坐禅はしっかりやっていますね。

それはそれで良いことです。しかし、その坐禅と坐禅の間の日常生活を送る時の意識の置き方が修行になっていません。日常生活を送っている時でも、意識を常に内在の仏に合わせておいてください。それが一番大切な修行です」と助言してくれました。

原文の現代語訳

問う。

「ほんとうに心の休まったところを、老師どうかご指示ください」

趙州が答える。

「指示すれば、もう休まらない」


ここに「ほんとうに心の休まったところを、老師どうかご指示ください」とあります。

それはどういうところかというと、深く坐禅・内観・瞑想して仏（神）と一体になった境地、つまり自分が仏（父なる神の分霊）であるということがわかった境地です。いわゆる精神統一程度の、次元の浅い坐禅・内観・瞑想では、本当には心は休まらず、安心の境地にはなれません。深く坐禅・内観・瞑想して、自分は無限の宇宙そのものだ、自分は愛そのものだ、自分は英知そのものだとわかった時にのみ、心は休まります。それを「涅槃、寂静《じゃくじょう》の境地」などというのです。

またここに「指示すれば、もう休まらない」とあります。

そういう涅槃の境地というものは、師匠や他人に教えてもらってわかるものではなく、自分で体験しなければ心は休まらないということです。この世界は、他人から教えられるものではなく、自分の実地の体験のみの世界です。求めた者、戸を叩いた者だけが獲得できる世界なのです。

原文の現代語訳

問う。

「沙門（僧侶）がおかげを蒙《こうむ》るところとは、どんなところですか」

趙州が答える。

「あんたのどこがおかげを蒙らぬところか」

ここに「あんたのどこがおかげを蒙らぬところか」とあります。

僧侶に限らず私たち人間は、存在しているだけでお陰を蒙っています。私たちが存在しているということは、父なる神の分霊として存在していることですから、本質的に元々悟っているということです。私たちはこのように、最高のお陰を蒙っている訳です。あとは努力して自己の仏性（神性）を顕現するだけなのです。

原文の現代語訳

問う。

「仏とは何ですか」

趙州が答える。

「あんたは何だ」


ここに「あんたは何だ」とあります。

ここは「仏とは、あんたのことだ」と答えるべきところですが、ここではあえてこういう答え方をしています。自分は何者かと内に向かって真剣に坐禅・内観・瞑想すれば、誰でも自分は宇宙そのもの、父なる神の分霊だとわかります。それがつまり仏です。道元禅師も「仏道をならうというは、自己をならうなり」と、自分を知れば仏がわかると言っています。


以上で趙州の言わんとするところはおおよそわかるでしょう。結局は、今まで紹介した禅師と同じ内容のことを言っています。

厳しい言葉

また趙州は「八百人もの仏になろうという人間がいても、その中に一人の道人も見つけることは難しい」と、厳しい悟りへの道を示しています。しかしそれでも修行せよと、「修行することができればよろしい。もし修行することができなかったら、ほとんどあの因果の世界に落ちるであろう」と言っています。落度は求めるところにあると指摘された修行者が、それなら修行をしないと言ったところ、「いや、それでも修行せよ」と言い「坐禅して法理を究めよ。わしは朝昼二度の食事の時を除いて（この時は心が雑に働く）、その外には純一になりきって、まったく別に心を働かせることはしなかった。こうでなければ、出家というにはまったく遠いぞ」と言っています。

また、当時の師家たち、僧侶たちへの批判もしています。

「今日の師家たちが、根本を忘れて、枝や蔓《つる》の上にまた枝や蔓を生じ、みんなが聖位を去ることとはるかに遠く、……今日の嘴《くちばし》の黄色いひよこ師家たちは、十字街頭で説法をし、それでおまんまにありついて、師家として礼拝されることを求め、三百人、五百人の雲水を集めては言っている。『わしは師家だ、おまえたちは修行者だ』と」

「このあたりの三百、五百、一千の一般の坊さまや、そのあたりの坊さまや尼さまたちの双林《そうりん》（禅の道場）の後を追うな。そういう連中から『良い住職だ』とほめられている者に、さて仏法を尋ねてみると、まるで砂を炒ってご飯にするようなもので、どうすることもできず、なんの返事もできない。逆に『あいつは悪い、わしは良い』と言って、顔をまっかにして、くってかかる始末だ。それは他でもなく、世間というものは法にかなわぬ言葉を吐くものだからである」
「出家とは、名声を得ようとせず、汚れ腐ったものを求めないものだ」

この『趙州録』巻中の最初に「……真の仏は内に坐っている。……ただ法理を究めて坐禅することだけを、二、三十年もせよ。……法は外から得るものでない。……自我があると思うのは汚れであり、自我があると思わぬのは清浄である。まだ世界がない時、すでにこの性（もの）はあった。世界が壊れる時も、この性は壊れない」と真理の最要諦をズバリと言っています。

趙州の問答では、他にも「南泉斬猫《ざんみょう》」「苦海の婆《ばば》」「趙州の石橋」など有名なものもありますが、ここでは紹介しませんでした。いずれにせよ、趙州は、理詰めで来る頭でっかちの未熟者と同じ次元で争わず、その理をも包んで、より高い禅境へと引き上げてゆく円熟の境涯を見せています。

趙州は死の二年前、竇《とう》将軍の寄進した果樹園に住み、これを真際《しんさい》禅院と名付けました。百十八歳の趙州がここに住むと、四方より修行者が集まりました。死を目前にして趙州は「わしが死んだら、火葬にしてしまえ。決して遺骨など拾ってはならぬ。禅坊主は浮世の俗人とは違うのだ。しかも幻のようなこの体に遺骨などあるわけもなかろう」と言い残しました。そして端坐したまま亡くなった、趙州和尚の死を聞いて集まった僧俗は、あわせて数万余人であり、その悲しみの声は原野を振動させたといいます。趙王の悲しみも深く、葬送にあたっては礼を厚くされたが、その感嘆の涙は、ちょうど釈尊が入滅の時、諸王の涙によって金棺の色彩が消えてしまったのと同じ様子であったといいます。

第十三章　黄檗《おうばく》希運《きうん》

大宇宙

黄檗希運は、福州の出身です。当時の福州は、マラリアの蔓延する文化果てる地でした。俗姓は不明で、諱《いみな》は希運、生年も没年もわかりません。没年は、一般には大中年間（八四七～八五九）といわれています。伝記としてはいくつかの文献があります。

希運は若くして郷里の福州黄檗山で出家します。希運が後に江西の洪州に近い高安県に黄檗山を開創するのは、出身地の寺名を慕ったためとされ、希運はこの寺の名によって、黄檗希運と呼ばれているのです。

黄檗は堂々たる体格で、身長七尺、額の間に肉珠があったようです。文献によりますと、黄檗が南泉《なんせん》普願《ふがん》の所にいた頃、ある日二人で笠を被って外出した時、南泉が黄檗を見て「君のような大男が、そんなちっぽけな笠を戴いている」と言って笑いました。黄檗は「三千大千世界が全てこの中に入るぞ」と答えました。南泉が「私もだね（私も持っているよ）」と言ったので、黄檗はさっさと歩き出したといいます。

ここに「三千大千世界が全てこの中に入るぞ」「私もだね」とあります。

三千大千世界とは、大宇宙のことです。このちっぽけな笠の中に、大宇宙全てが入ってしまうと言っています。これは禅でよく言われる「一切即一、一即一切」と同じ意味です。

これは、いわゆる「見性《けんしょう》（自己の本性を見て、自己が宇宙そのものであるとわかること）」すれば、明白にわかります。見性すると、深い坐禅の中でこのちっぽけな自分が大宇宙そのものだとわかります。自分だけではなく、道端の小石も大宇宙そのものだとわかります。ここでは、ちっぽけな笠が真実の目で見ると大宇宙そのものだとわかるということです。

南泉が「私もだね」と言ったのは、「私も同じちっぽけな笠を被っているが、私の笠にも大宇宙が入っているぞ」と言っているか、「私（南泉）自身の中に大宇宙全てが入っているぞ」と言っているかのどちらかなのでしょう。

黄檗は、若い頃から仲間からかけ離れて、何ものにもこだわらず、時流を見下す気概を持っていたようです。後に「大唐国内に禅者なし」と言い、「汝ら全て酒かすばかり食らっている奴だ」と批判するのは、いかにも豪放な黄檗の言葉にふさわしいものです。

老婆との出会い

やがて黄檗は二、三の友人とともに天台山に登ります。さらに上都に出て、ここで一人の老婆から百丈懐海《ひゃくじょうえかい》のことを聞きます。そしてはるか江西に赴き、百丈に参じてその法を嗣《つ》ぐことになります。これを文献で見ますと、概要は次のようです。

ある時、黄檗が托鉢《たくはつ》をして、とある門の前に立ち「どうか、あり合わせの食を頂きたい」と声を張りました。すると、内から老婆の声で「この欲ばり坊主」と返って来ました。「どうして飯も頂いていないのに欲ばりですか」と黄檗は問いました。老婆は「それそれ、それがもう欲ばりの証拠じゃないか」と言いました。黄檗はこれを聞くと立ち止まって、にっこりと微笑みました。老婆は黄檗の姿が堂々としていて、いつも歩いて来るような、ありふれた乞食坊主たちとはよほど違っていたので、内に迎え入れると食事を供養しました。食事が終わると老婆が、黄檗の参禅の力量をただしました。黄檗が隠さず自分の知るところを披露すると、老婆がさらに深い微妙の法門を示してくれました。黄檗は思わず真理の門が開かれるような気がしました。言葉を尽くして礼を述べ、老婆の弟子になりたいと言いました。すると老婆は「私は女ゆえに五障の身で、もとよりその器ではありません。江西に百丈大師という方がおられると聞いているので、この抜群の師について参禅されるがよい。そして、その師のもとで悟られた暁には、必ず後輩を軽んじず、指導に力を尽くしてください」と誡《さと》しました。

ここに「女ゆえに五障の身で、もとよりその器ではありません」とあります。これは悟っている老婆が謙遜して言っているのであり、また、百丈大師を紹介したいがためにそう言っているのだと思います。

五障のある女性だからその器ではないということはありません。男性も女性も、どちらも父なる神（創造主）の分霊なので、どちらも同じ条件です。

仏教の預言書が「今のこの時代は、出家僧が堕落し、一般在家の人が修行するようになる。一般在家者の中では、男性は修行しなくなり、女性が宇宙の真理を求め、修行するようになる」というようなことを言っています。また、現代の聖者は「宇宙のリズムを理解しやすい女性の方が、そうではない男性よりも宇宙の真理を理解できる」というようなことを言っています。

仏教学部の教授が「女性は悟れない。悟る時は、男性に生まれ変わって来て、悟る」と言っていましたが、それは大きな間違いだと思います。

百丈に認められる

黄檗はこうして百丈山へやって来ました。黄檗が百丈に相見するや「これまでお説きになっている禅の宗旨をお示しいただけませんか」と言いますと、百丈は黙ったままでした。それでさらに黄檗が「後に続くものが老師の法を見失ってしまわないようにお願いします」と言いますと、百丈は「わしにはお前さんこそ頼りになる男と思われたのじゃ」と言い、居室に入られてしまいました。そこで、黄檗は後を追って居室に入り「私、早速に参上いたしました」と申し上げました。すると、百丈に「お前さんのような男こそ、今後わしに裏切りそむくことはできまいて」と認められたのでした。

百丈がある日、大衆に向かって「自分は馬祖《ばそ》老師に参じて一喝を食らい、三日の間、耳は聞こえず眼も見えずというひどい目に遭ったぞ」と言いました。これを聞くと黄檗は驚きのあまり舌を吐いてしまいました。すると百丈は「お前は今後、間違っても馬祖の法など嗣ぐことはなかろうな」と言いました。黄檗は「いいえ、先生のお陰でちゃんと馬祖の大機大用は見抜いてしまいました。しかもなお、馬祖老師のことなど私の知ったことじゃありませんぞ。もし馬祖老師を嗣ぐようなことになれば、今後、私自身が弟子を失ってしまうのがおちでしょう」と気焔《きえん》を上げました。百丈はこれに同意して「そうだ、そうだ、見《けん》（悟りの力）が師と等しい時は、師の徳の半分にしか当たらぬというものじゃ。見が師を超えて初めて伝授することができるのだ。お前こそ真に師の作力を超えておるわい」と喜びました。こうして黄檗は百丈の法を嗣ぎました。

黄檗の教え

百丈が八一四年に亡くなってから、しばらくして黄檗は、洪州に近い高安の地に得度《とくど》の寺と同名の黄檗山を開創し、天下に黄檗の仏法を挙揚《こよう》すること十年でありました。この間、黄檗山中の衆徒は一千余人といわれています。臨済義玄《りんざいぎげん》（？～八六七）は、第一の弟子です。

黄檗は弟子裴休《はいきゅう》を得たため、一層光彩を放ちました。裴休が鐘陵《しょうりょう》や宛陵《えんりょう》の地に観察使として在任した時、黄檗を招いて教えを受けました。その時の言葉を記録したのが『伝心法要《でんしんほうよう》』や『宛陵録』です。これらの語録が裴休によって書かれたため、私たちは黄檗の教えを知ることができます。裴休は、黄檗の言葉は簡明、その理法は直截《ちょくさい》（まわりくどくなく、きっぱりしていること）、その生き方は険峻《けんしゅん》、その実践は孤高であると黄檗を評価しています。

黄檗の教えの根本は、自身が本来これ仏であることを悟るということです。仏を外に求めてはならぬ、自分自身の心こそ仏だというのです。しかもこの心は無始より生じもせず滅しもせず、からっとした虚空のようなものだといいます。この心即仏なることを知るにはどうしたらよいのでしょうか。それはただ無心になることだといいます。学道の人が成仏しようと思うならば、一切の仏法を学ぶ必要はまったくないといいます。それでは一体何を学ぶのでしょうか。ただ「無求無著《むぐむじゃく》」を学べばよいといいます。求めることがなければ煩悩は起こらず、執着することがなければ妄想も起こらないといいます。これが黄檗の教えのエッセンスです。

ここに「仏を外に求めてはならぬ、自分自身の心こそ仏だ」とあります。これは真理追求を始めた人でも、ついつい間違ってしまうことです。例えば、観音様の像を買って来て、その像を拝んでしまっている人のなんと多いことでしょうか。

そうではなくて、坐禅・内観・瞑想をして自己に内在する仏（神）を発見することなのです。

ここのところは何年修行してもつい間違えるところなので、師もしつこいほど何度も教えるようです。

また、ここに「心即仏なることを知るには……無心になることだ」とあります。

自分の心が仏である、元々悟っているということを知るには、仏教書をたくさん読んだだけではだめなのです。無心になって坐禅・内観・瞑想しなければなりません。私がついた「日本で一番坐禅のできる禅僧」は「我が出れば仏が引っ込み、仏が出れば我が引っ込む」と、無心になることの大切さを教えてくれました。そうすれば、自分自身が元々悟った仏であるということがわかります。自分自身が無限の宇宙そのものだとわかります。そして、その宇宙が無限の愛と英知に満ち溢れているとわかります。これは素晴らしい体験なのです。

ですから、その後に「一切の仏法を学ぶ必要はまったくない」とあるのです。宇宙と一体になって悟ってしまえば無限の英知の中にある訳ですから、学ぶ必要はまったくなくなるという訳です。

思慮、思念をやめる

それでは、前述の語録を見てみましょう。ここには、仏道の最要諦《ようたい》が述べてあります。

原文の現代語訳

あらゆる仏と、一切の人間とは、ただこの一心にほかならぬ。そのほかのなんらかのものはまったくない。……この心というものは、そのものそのままがそれであって、それについての思念が働いたとたんに的《まと》をはずすことになる。それはちょうど涯《はて》もなくて測《はか》りようもない虚空のようなものだ。ほかでもないこの心こそが実は仏にほかならぬ。仏と人間とは、だからなんら異なるところはないのだ。ところが、全て人間というものは、姿かたちにとらわれて、おのれの外に仏を求めようとする。求めれば求めるほど、それは見失われるばかりだ。こんな風に、自分の設定した仏のイメージでもって仏を求め、おのが妄執《くう》の心でもって本源の心をとらえようとしては、永劫の果てまで、おのが身を粉にして空に帰するまで努力しても、結局それをつかむことはできぬ。ところが、一切の思慮をやめ、思念をなくしてしまえば、仏はちゃんと目の前に現れてくるものなのだ。この心がそのまま仏なのであり、仏がそのまま人間なのである。

ここで「あらゆる仏と、一切の人間とは、ただこの一心にほかならぬ」とあります。人々が信仰の対象にしている全ての仏と、全ての悟った人間と、私たち一切の人間と、その他の全てのものはただ一つのものです。ここで言う「一心」なのです。

これは深く坐禅・内観・瞑想すれば、どんな人でも明確にわかります。全てのものは創造主の分霊なので、全てが同じで、ただ一つの存在としてとらえられます。それを知ることが、禅や仏教や宗教の本来の目的の一つです。

また、ここに「一切の思慮をやめ、思念をなくしてしまえば、仏はちゃんと目の前に現れてくるものなのだ」とあります。

これは本当のことです。禅や仏教では「考えるな」「バカになれ」などとよく言いますが、それはこのことです。

私も今まで何人かの師たちに「本当は一日中、無心、無我でいるのが理想であるが、今の段階ではせめて、坐禅・内観・瞑想する時だけでも、楽しいこと、悲しいこと、嫌なことなど全てを一時、本体や神仏に投げ出し、棚上げして、無心でいなさい。本体や神仏に全てを委《ゆだ》ね、全託してください」と言われました。そのとおりに坐禅・内観・瞑想してみると、全ては一つであり、私自身が仏であり、宇宙そのものであったと体験できました。

無心の法門

原文の現代語訳

無心とは、一切の分別のない心のことである。……しかし道をめざす人たちは、この「無心」の法門に踏み込もうとする勇気をもたぬ。虚無に落ち込んで、自分の足場がなくなりはしないかと恐れるからである。そのため一線を踏みきれずに引き下がってしまい、誰もみな一様に知識、解釈を手掛かりにしようとする。このように知解《ちげ》を求めるものは数知れずいるが、道を悟るものはめったにおらぬ。……修行者がもし端的に無心にならぬかぎり、たとい永劫に修行を積んでも、結局悟りを開くことはできず、かえって彼らの仏道修行そのものが彼ら自身への束縛となって、解脱することかなわぬ。……心はもともと無心なのであり、心のほかに無心というものがあるのではない。もし心を無心ならしめようと図れば、心はかえって有心《うしん》になる。ここのところは言葉によらずに体認するほかはなく、それは一切の思弁を超えるものだ。

ここに「道をめざす人たちは、この『無心』の法門に踏み込もうとする勇気を持たぬ。虚無に落ち込んで、自分の足場がなくなりはしないかと恐れるからである。そのため一線を踏みきれずに引き下がってしまい、誰もみな一様に知識、解釈を手掛かりにしようとする」とあります。

私も私の友人たちも皆、この「無心」に挑戦しました。そしてこの「無心」を一時的にせよ体験した者が「見性した」と言われました。

この「自分の足場がなくなりはしないかと恐れる」というのは、本当に修行者の心理をよくとらえている表現だと思います。実際、我の中で四六時中生きている私たちが、その我（自分の足場）を放棄することは、本当に怖くて怖くて仕方ありません。ですから、なかなか「無心」の法門に入れません。修行がある程度進んだ段階でも、坐禅・内観・瞑想する時は、この「無心」に飛び込む決意をし、努力をします。

また、ここに「心はもともと無心」とあります。

どんな人の心も元々悟っていて、宇宙そのものなので、本来は無心なのです。どんな人でも何十回、何百回、何千回輪廻をし、生まれ変わっています。その中でマイナス的な生き方をすることもあり、いわゆる業《ごう》（カルマ）を蓄積していったり、煩悩が膨らんでしまったりします。それらが雲のようになり、元々悟っている清い心を覆ってしまいます。元々の無心の清い心は太陽のようなものです。太陽は元々明るく輝いていますが、厚い雲のために見えなくなってしまっています。これが現在の私たちです。深く坐禅・内観・瞑想していけば、少しずつでもこの雲が取れていくのです。そして、無心をきわめれば、そこは悟りの世界なのです。

原文の現代語訳

この本源清浄《しょうじょう》の心は、つねに完全な輝きに満ちて、あまねく一切を照らす。しかるに世人はこの内なる光に目ざめず、外的な知見と認識を心そのものと勘違いし、その知見、認識に目をふさがれてしまって、純粋無欠な本体そのものを見ることができぬ。いまそのままで無心になれば、本体はおのずから顕現し、あたかも虚空に昇った大日輪（太陽）が、あまねく十方を照らして自在無碍《むげ》なるが如くであろう。

ここに「この本源清浄の心は、つねに完全な輝きに満ちて、あまねく一切を照らす……この内なる光」とあります。

私は深く坐禅・内観・瞑想した時に、心臓の辺りから自分の外に向かって白い光が放射されているのを体験しました。この白光は自分からだけではなく、全てのものから放射されています。これは、全てのものが宇宙の本源そのものである証拠です。つまり、全てのものは本来悟っているということです。このような体験をすると、とても力づけられます。

私が坐禅・内観・瞑想中に体験した、聖者から発せられた白光の中で一番素晴らしかったものは、イエス様から発せられた白光でした。私はある時坐禅・内観・瞑想していました。急に次元が変わって深く入ったと思った瞬間、目を開けていられないほどのとても眩い白光に包まれました。何かと思い、開けられない目を必死で開けてみると、そこには人が三人立っているようでした。その三人が少しずつ私の方へ近づいて来ました。まず両脇の二人が確認できました。背中に羽の生えた男性の天使でした。三人がもう少し近づいて来ると、真ん中に立っている人の顔が見えました。驚いたことに何とあのイエス様でした。イエス様は雪のように白く、眩いばかりの白光を放っていました。その白光は愛と調和と英知に満ち溢れ、その素晴らしさは筆舌に尽くしがたいものでした。その白光の強さと広がりは、私が体験した聖者方の発する光の中で最高のものでした。その白光に浴したお陰で、私の心と体は浄化された感じでした。その余韻は一週間くらい続いたことを記憶しています。このように聖者から発せられた白光は、多くの人々の心を浄化し、霊的進歩を促すのだなと思いました。お釈迦様やイエス様の発する白光は、比類なく素晴らしいといわれていますが、まさにその通りだと思いました。

その他の教え

以上を見れば、黄檗の教えがわかるでしょう。他にも「修行者たちが仏になろうと思うならば、一切の仏法なるものは学ぶ必要はまったくない。学ぶべきことは、求めることなく、著《とら》われることのない在り方だけである」とか「今時の人は多知多解であろうとして、言葉の意味を広く探求し、そのことを修行と称している。しかし実は多知多解は、かえって真実への目をふさぐものである」と言っています。正しく悟った師について、無心で坐禅・内観・瞑想して、自分は仏であったと知るべきでしょう。また「現実の事物に心を取られている。現象界のことに執着してはいけない」と、修行者たるもの仮相のものに心を奪われず、実相の中に生きよとも言っています。

ここに「現実の事物に心を取られている。現象界のことに執着してはいけない」とあります。私の周囲を見回してみると、求道心を持って修行しているのに、現象界のことにも執着が強い人が少なからずいます。修行しながらお金儲けにいそしんでいる人、修行しながら出世欲に駆られている人、修行しながら大酒を飲んでいる禅僧、悟ってもいないのに悟っていると称して、多くの講演会をこなしている師など、枚挙に暇がありません。これらの人々は、現象界でうまくいくために修行を利用しているのではないかと思います。

現象世界と実相世界は、根本的に次元や流れが違います。実相世界に完全に心を置いた上で現象世界をこなしていけば、現象世界に執着せずして、現象世界を支障なく渡っていけるようです。現象世界に心をおいて実相世界をとらえようとしても、それは不可能なことなのです。

また「心こそが仏である。上は諸仏から、下はうごめく虫をはじめとして凡《およ》そ有情《うじょう》（生きとし生けるものの総称）の生きもの全ては、皆仏性《ぶっしょう》を具《そな》えていて、どれも同じ心の本体をもっている。ゆえに達磨《だるま》は西の国からやって来て、ただ一心の法のみを伝え、一切の衆生が生まれながらにして仏であり、修行を通じて仏となるのではないことを直示した。要は今この時に己の心を自覚し、己の本性を看取することであり、決して他に求めてはならぬのだ」「心の本体はあたかも虚空のように姿かたちもなく、位置、方向もない。といって、まったく非存在なのではなく、存在していても見ることができぬものなのだ」と言っています。

ここに「心の本体は……存在していても見ることができぬものなのだ」とあります。見ることのできないものをどう確認するのでしょうか。どんな人でも深く坐禅・内観・瞑想していけば、心の本体（父なる神の分霊・宇宙の本質・仏性）を波動として、光として、心の目でハッキリと見ることができます。それはとても素晴らしいことです。至福です。一方、相対次元の現象の目で見る範囲は限られています。

そしてまた、「まるで阿呆《あほう》のように生きてゆくことだ」「これまでの既成観念は、全てかなぐり捨てねばならぬ」などとも言っていますし、「達磨が壁を前にして坐ったというのは、おのれの思念を絶対に抱いてはならぬという示しなのだ」と無心の大切さを何度も言っています。

第十四章

臨済義玄《りんざいぎげん》

若き臨済

黄檗門下一千人の弟子の中で、黄檗希運《おうばくきうん》禅師の後継者となったのは、臨済義玄禅師（？～八六七）です。臨済は曹州《そうしゅう》の生まれで、姓を邢《けい》氏といい、僧としての本名は義玄といいます。生年は明らかではありませんが、元和年間（八〇六～八二〇）であろうと推察されます。

臨済の伝記は、多くの文献と『臨済録』の中の「行録」に見られます。『臨済録』は臨済の語録であり、古来「語録の王」といわれ尊重されてきました。あの有名な哲学者の西田幾多郎が、第二次大戦の空襲時に「全ての書物が焼けて灰になっても『臨済録』と『歎異抄』だけが残れば自分は満足する」と言った言葉は有名です。

臨済は幼少より人に抜きん出ていて、長じては孝を以て聞こえたといいます。二十歳にして出家しましたが、得度《とくど》の師も出家の事情も一切不明です。義玄という僧名はこの時に授けられたのでしょう。

若き臨済は博《ひろ》く伝統の仏教学をきわめました。精《くわ》しく戒律を研究し、博く経、論を探求しました。しかし、そのような仏教教理の研究が単に世間を救う医師の処方箋にしかすぎず、教《きょう》外別伝《げべつでん》（禅宗で、仏の悟りは経文に説かれるのではなく、心から心に直接伝えられることをいう）の禅の宗旨からは程遠いことに気づき、行脚《あんぎゃ》の旅に出ました。

黄檗山はすでに世間に聞こえた天下の禅道場でした。臨済はここに黄檗を訪ねて師としました。この道場の大衆を率いる最古参が陳尊宿《ちんそんしゅく》（睦州道蹤《ぼくしゅうどうしゅう》のこと。七八〇〜八七七）でした。

仏法の精神とは

日々黙々と坐禅と作務《さむ》（禅寺で禅僧が行う農作業、掃除などの労働一般。仏道修行として重視される）に励む臨済を見ていた睦州が、ある日臨済のそばにやって来て言いました。

原文の現代語訳

睦州は言った。

「君はここに来てどのくらいになるか」

臨済は答えた。

「三年になります」

睦州は言った。

「これまでに老師（黄檗）の所に参禅に行ったことがあるか」

臨済は言った。

「まだ参禅したことはありません。いったい何をたずねるのかわかりません」

睦州は言った。

「君はどうして老師の所に行って『仏法ぎりぎりの大精神とは、どんなものですか』とたずねないのだ」

臨済はすぐに行ってたずねた。その質問がまだ終わらぬうちに、黄檗はいきなり打った。臨済が下がってくると、睦州はたずねた。

「問答はどんなふうだったか」

臨済は言った。

「私の質問がまだ終わらないうちに、老師はいきなり打ちました。私には何のことかわかりません」

睦州が言った。

「何はともあれもう一度行ってたずねてみよ」

臨済がまた行ってたずねると、黄檗はまた打った。こうして三度たずねて三度打たれた。臨済は睦州の所に来て言った。

「幸いにあなたのお慈悲を受けて、老師に参禅させていただきましたが、三度たずねて三度とも打たれました。自分ながら恨めしいのは、過去の悪因縁が邪魔をして、深い意味が理解できないことです。ひとまずこれでおいとまをいただきます」

睦州は言った。

「出かけるなら、必ず老師に別れのご挨拶をして行け」

臨済は礼拝して退いた。

睦州は先まわりして、黄檗の所へ行って言った。

「さきほど参禅に来ました若者は、なかなかまともなやつです。もしお別れに参りましたら、どうかしかるべく導いてやってください。将来きっとみずから鍛え上げて一本の大樹となり、天下の人々のために涼しい木かげを作る人物でありますよ」

臨済がいとま乞いの挨拶に行くと、黄檗は言った。

「他の所へ行ってはならぬ、高安灘頭の大愚和尚の所へ行け。きっと君のために説いてくれるだろう」

臨済は大愚の所へ行った。

大愚はたずねた。

「どこから来たか」

臨済は言った。

「黄檗山から来ました」

大愚は言った。

「黄檗は何と言って教えたか」

臨済は言った。

「私は三度『仏法ぎりぎりの大精神』をたずねて、三度とも打たれました。私に落度があったのでしょうか、なかったのでしょうか」

大愚は言った。

「黄檗がそれほど老婆のような心づかいから、くたくたになるまで君のために許ってくれたのに、そのうえこんな所までやって来て、自分に落度があるのかないのかなどというのか」

臨済はその一言に大悟《たいご》して言った。

「なんだ！　黄檗の仏法はどうということはなかったのだな」

大愚は臨済の胸ぐらをつかんで言った。

「この寝小便たれめ！　さっきは落度があるのかないのかなどと泣きごとをならべたくせに、こんどは『黄檗の仏法はどうということはない』などと大口をたたく。いったい何の道理を見たのだ。さあ言え、さあ言え！」

臨済は大愚の脇腹を拳で三度突き上げた。

大愚は臨済を突き放して言った。

「君は黄檗を師匠とせよ、わしの知ったことではない」

臨済は大愚のもとを辞して、黄檗に帰った。

ここで黄檗が臨済を三度とも打ったというのは、「仏法の精神というものは、他人に尋ねてわかるものではなく、自分自身で坐禅・内観・瞑想して見つけ出すものである」ということを言いたかったのでしょう。

私は「日本で五指に入る禅の高僧、最後の禅僧」といわれた師についていたことがありますが、その師によく禅問答の時に打たれました。私が頭でひねり回していろいろな答えを出しても、その度に膝や太ももをしこたま打たれました。これも自分自身で坐禅・内観・瞑想して、答えを出せということなのです。

ここに「なんだ！　黄檗の仏法はどうということはなかったのだな」とあります。

これは「黄檗の仏法などというものはない。宇宙の真理が厳然と存在するのであって、それを他人から教えられるのではなく、自分自身で無心で深く坐禅・内観・瞑想して、自分は仏（神、創造主の分霊）であったと気づくことだけだ」ということがわかったということです。

また、ここに「臨済は大愚の脇腹を拳で三度突き上げた」とあります。

修行者が悟っている禅師を殴るなどということはありえないことです。ですから、この話は真実ではないと思います。大愚に「いったい何の道理を見たのだ。さあ言え、さあ言え！」と言われた臨済は、「仏法の精神は他人に聞いてわかるものではなく、自分自身で坐禅・内観・瞑想して体現するものだ」と言いたかったのだと思います。

再び黄檗のもとに帰った臨済は、大いに黄檗に認められ、その道場において悟後《ごご》の修行（悟った後に、悟りを深め徹底させる修行）を深めました。

この臨済大悟の話は、古い文献では以下のようです。

原文の現代語訳

黄檗禅師が衆に告げて言った。

「私が昔、馬祖《ばそ》道師の道場にいた時、道友に大愚という人がいたが、その人は諸方行脚して、法眼《ほうげん》（仏教における智慧の眼）明徹であり、今は高安に独居しておられる。かつて私と別れる時『今後、これはと思う男が出たら一人択《えら》んで、私の所へ寄こしてほしい』と言っておられたんだが……」

大衆とともにこれを聞いていた臨済は、早速大愚の所を訪ね、大愚の前でしきりに瑜伽《ゆが》唯識《ゆいしき》（仏教の研究分野の一つで、一切の存在はただ自己の識《心》の作り出した仮のもので、識の他には事物的存在はないと説く）の話を論じた。

大愚老師は一晩中黙って聞いていたが、翌朝、

「老僧はこの山中で一人棲んでおるが、お前さんがはるばるやって来たので、一夜の宿を

提供したまでだ。それを一晩中、私の前で恥も知らず、不浄を放つつまらぬ話ばかりして、一体何のことだ」

と言うと、数棒を食らわせて追い出し、門を閉ざしてしまった。

黄檗のもとに帰ってこのことを報告すると、黄檗は、

「大愚老師はさすがにやりてだわい。猛火の燃えるような勢いだ。お前もこのチャンスを見逃してはならん」

と言って、再び大愚のもとにやらせた。

今度は臨済は大愚の手の中を見抜いて帰り、三度目には逆に棒をとって、大愚を打つこと数拳した。

すると大愚は大いにうなずき、

「私はこの山の独り暮らしで一生を空しく過ごすのかと思っていたが、測らずも今日、一人のあと嗣《つ》ぎができたわい」

と喜ばれた。

ここに「三度目には逆に棒をとって、大愚を打つこと数拳した」とあります。

前述したように、修行者が悟っている禅師を打つことはありません。ですから、このことも事実ではないと思います。臨済は自分自身が坐禅・内観・瞑想して、自分が仏であったと気づ

かなければならないということがわかったということです。そのことをこういう表現で解説しているのだと思います。

悟った聖者を殴ったり危害を加えたりすると、仏教の戒律によれば、いわゆる地獄へ落ちるようです。私は、禅及び禅問答のこのような表現の仕方が好きではありません。私の多くの友人たちも同じことを言っていました。禅や禅問答が悪いということではなくて、その真実を伝えず、誇張して伝えた当時の弟子たちや学僧たちに責任があるのだと思います。この二つの異なった話の中で、いったい臨済は大愚のお陰を蒙《こうむ》ったのか、黄檗のお陰を蒙ったのか、どちらなのかということが後に話題になったようです。

実力をつけた臨済は、黄檗山で師の黄檗と問答を続け、力を磨いていったようです。

禅問答は必要か

日本の禅宗には坐禅だけをする曹洞宗と、禅問答もする臨済宗とがあります（日本の禅宗には黄檗宗もあります）。私も若い時に、曹洞宗の禅寺（この寺は曹洞宗にもかかわらず、禅問答をする数少ない寺）で二年間師のもとで禅問答を体験しました。私は今でもこの禅問答には疑問があります。

中国以来禅というものは、己自身が仏であるといい、その仏を発見するために坐禅・内観・瞑想するということが教えの本筋です。その中で禅問答も、弟子たちを悟りに導くために、真に悟った師が方便として用いるということです。

師が本当に悟っていれば、禅問答を使わなくても弟子たちを導けるのではないでしょうか。私が一番初めに見性《けんしょう》した時に、私は当時の師と向かい合って一対一で坐禅をしていました。私が見性した時に私の師も同時に私が見性したことを感得し、すぐ指摘してくれました。

真には悟っていない私の師でさえそうなのですから、真に悟った偉大なる師は、同じように弟子たちが見性して、一時的にせよ宇宙の真理を体得したことや、修行の進度が如実にわかるはずです。現代の悟った聖者方も、弟子たちの波動や弟子たちのオーリックフィールド（オーラの輝きの範囲）の光の強さと広さで、弟子たちの修行段階がハッキリとわかるようです。

私は禅問答が不必要と言っているのではありません。禅問答を有効に使える対象の弟子たちは、観念的な、理屈の世界をまだ出ていない弟子たちなのだと思います。そういう傾向にある弟子たちは、何でも頭で考え、言葉で考え、観念的であり、心の次元の答えを出せません。悟った師は、その弟子たちのいる観念の世界、頭の世界を超えた次元に真の答えがあることを教えるために、わざと観念的な世界に弟子たちを迷い入れるように禅問答を使うのだと思います。そこで弟子たちは迷宮に入り、自分がどこにいるか、何を考えているのかもわからなくなり途方に暮れます。そうなると最後に行き着くところは、内在する仏（神）に答えを求めるしかなくなり、深く坐禅・内観・瞑想するようになります。すると答えが発見できます。禅問答というのはそういう仕組みだと思います。

私は「日本で一番坐禅のできる禅僧」から「あなたが禅問答を読んでみて、どうしても意味がわからなかったなら、その禅問答は作られた話だと解釈してよい」と言われました。意味不明の禅問答が全て作り話とはいえず、私の境地がその禅問答を解釈できるレベルにない場合もあります。

また禅問答の解釈は、宗派やセクトや道場によっても違うということを聞いたことがあります。ですから禅問答の解釈は一つだけではなく、いくつもあるのでしょう。要は、修行者が観念を捨て、深く坐禅・内観・瞑想するように移行させる手段なのでしょう。

この章の前半部にあるいくつかの禅問答と、それにまつわるエピソードの意味するところは、私には完全にはわかりません。この章の後半部にある禅の重要点を述べている箇所は圧巻です。他の章の禅師たちが述べている内容とまったく同じですが、とても素晴らしいものです。この素晴らしい内容を弟子たちに教え、坐禅・内観・瞑想の指導をすれば、それだけで事は足りると私は思うのですが……。

仏教学部の教授たちは「禅問答を紹介してある文献は、全部真実という訳ではなく、作り話もあり、後に書き加えられた文献も多い」と教えてくれました。

臨済の教化

黄檗の法を嗣いだ臨済は、八五四年黄河の北方、鎮州の東南の川に臨む小さな寺の住職になりました。その「臨済」という名は、渡しに臨むという地勢によって付けられました。臨済の名は天下に聞こえ、多くの弟子が集まりました。風狂の禅者として名高い普化《ふけ》和尚もやって来て、臨済の教化を助けました。やがて臨済は大名府の興化寺に移りました。

臨済は病気でもないのに、ふとある日、威儀を正して坐って、弟子の三聖《さんしょう》慧然《えねん》（『臨済録』の編者）と問答をし終わって静かに坐脱しました。時に八六七年正月十日でありました。

悟った禅師たちは、この本の他章にもあるように、坐禅をしたまま亡くなります。現代の悟った聖者方も同じ亡くなり方をすることもあるようです。ということは、いわゆる霊魂とこの肉体とは別物であり、役割を終え、時期が来て死ぬべき時に霊魂を肉体から外すということでしょう。

無位の真人

さて、臨済の教えはどういうものだったのでしょうか。『臨済録』から見てみましょう。

原文の現代語訳

臨済禅師が法堂に上って言われた。

「われわれのこの肉体の中に、なんら世間的な位格をもたぬ一人の無位の真人（真の自由人）がいて、つねに諸君の感覚器官を通じて出たり入ったりしている。まだそれを自覚体認していない者は、さあ見よ、さあ見よ」

その時ひとりの僧が進み出てたずねた。

「無位の真人とは、どんなものですか」

臨済は禅牀《いず》を下りて、やにわにその僧の胸ぐらをひっつかんで言った。

「さあ言え、さあ言え」

その僧が何か言おうとももたついていると、臨済は彼を突き放した。

「せっかくの無位の真人が、なんという糞《くそ》かきべらだ（この役立たずの鈍物め）」

そう言って、さっさと居間に帰ってしまった。


ここにある「無位の真人（真の自由人）」とは、私たち全ての人に内在している仏性《ぶっしょう》のことです。

信に徹する

こういう問答とは一変して「示衆」という章では、禅師が必ず言う仏法の最要諦《ようたい》を示しています。

原文の現代語訳

今日の修行者がだめな原因となる病はどこにあるのか。病は、みずから信じないところにある。君たちがもしみずから信ずるその信が徹底しないと、すぐにあたふたと全ての環境に従って転がされ、さまざまな外境《げきょう》に引き回されて、大事な自己の自由を失う。君たちがもし一念一念、外に求め回る心をやめることができたなら、即座に祖仏そのものである。君たちは祖仏を識《し》りたいと思うか。それはほかでもない君たち、つまり、わしの目の前で説法を聞いている者がそうである。それなのに、修行者は信じ切れないで、すぐに外に馳せ求める。……修行者たちよ、わしの見地からいえば、われわれは釈迦となんの違いもないのだ。今日のわれわれのさまざまな働きに、なんの欠けたものがあるか。……修行者たちよ、君たちはともかく、この影法師をあやつっている人こそが諸仏の本源であり、全ての修行者の帰るべき本来の家郷であることを見て取ることだ。ほかならぬ君たちの肉体は、法を説いたり聴いたりできぬのだ。……いったい何が、法を説いたり聴いたりできるのか。

それはほかでもない君たち、すなわちわしの目の前にはっきりと存在するもの、これという一つの形をもたず、他の力をかりずにそれ自体で輝いている、ほかならぬこのものこそが、法を説いたり聴いたりできるのだ。もしこのように見て取れたら、そのまま祖仏と違いないのだ。あらゆる時に、まったく心に間断《きれめ》がなく、目にふれるものは、みんな肯定されるのだ。ただ「分別が生ずると真智とへだたり、想念が動くと本体と違ってくる」というだけの理由で、三界（一切衆生の生死輪廻する三種の世界、すなわち欲界、色界、無色界。衆生が活動する全世界を指す）という迷いの世界に輪廻して、さまざまな苦しみを受けるのである。もしわしの見地からいえば、全てがありのままにはなはだ深遠であり、解脱していないものは一つもない。……修行者たちよ、時間を大切にするがよい。ただもうよそに、あたふたと忙しく、禅を学び道を学び、名字や言句に執らわれて、仏を求め祖を求め、師家を求めて、修行と称して分別推量しようとする。誤ってはならぬぞ、修行者たちよ。諸君にはまさしく一箇の生みの親がある、その上に何物を求めようというのか。諸君みずから自己自身をふりかえってみよ。……修行者たちよ、ともかく平常であれ。あれこれ造作して臆見を加えるな。世間には一群の好し悪しもわからぬ馬鹿坊主どもがいて、すぐにありもせぬ神や幽霊を見たり、東を指したり西を指したり、晴れを好んだり雨を好んだりする。こんな連中は、みんな必ずこの世の借りを返して、エンマ大王の前で熱い鉄の玉をのむ日があるにちがいない。諸君はちゃんとした家に生まれた子であるのに、この一群の野狐のばけものに取り憑かれて、すぐに狐つきになる。この愚か者め！　この世でむだ飯を食ったその飯代を請求される日があろうぞ。

ここに「病は、みずから信じないところにある」とあります。

これは、自分をこの肉体だと信じていて、自分が本質的に仏（神）であると信じられないということです。私たちは生まれてこのかた、学校でも先輩方にもこのことを教えてもらったことはありません。このことは古今東西の聖者方のみが教えてくれています。

また、ここに「外に求め回る心をやめることができたなら、即座に祖仏そのものである」とあります。

私たちは毎瞬間外の刺激に反応し、それに対応しています。外に引っ張り回されています。それを止めて、自分の心の内に意識を求めれば（坐禅・内観・瞑想により）、自分が仏（神）だということに気がつきます。

また、ここに「われわれは釈迦となんの違いもないのだ」とあります。

私たちは外側だけ見ていれば、どんな人も皆違いますが、私たちの内を徹底して見つめれば、みんな同じ創造主の分霊であるということがわかります。釈迦も創造主の分霊、私たちも創造主の分霊なのです。これを仏性といいます。

また、ここに「この影法師をあやつっている人こそが諸仏の本源であり、全ての修行者の帰るべき本来の家郷である」とあります。

肉体次元の私たちは、本源ではなく影法師なのです。その肉体を操り統括しているものが内在する仏（神）であり、それは創造主の分霊なので、諸仏の本源なのです。

また、ここに「これという一つの形をもたず、他の力をかりずにそれ自体で輝いている」とあります。

これは頭の中で考えていてもわからず、坐禅・内観・瞑想の中で体験できるものです。私の体験でも、それ自体で内から外に向けて白光に輝いていました。

また、ここに「ちゃんとした家」とあります。

これは、私たちの本体が創造主の分霊、父なる神の分霊、仏（神）そのものであるということです。

そしてまた、ここに「ばけもの」とあります。

私は今世約三十五年間修行してきましたが、宗教家、教祖などの中にたくさんのばけものを見てきました。宗教家というものは、立派なことを口に出し、貧しき人々の味方だというようなことを言いますが、そうではなく、実際には心は汚れていて、結局は名声、地位、金を追い求めている人が多いものです。また、とにかく自分を大きく見せたり、体験をしてもいないことを、体験をしたかのように嘘をつき、多くの弟子たちを騙しています。ペテン師、大嘘つき、誇大妄想狂、人格異常者のなんと多いことでしょうか。また、これらばけものにコロリと騙される人々のなんと多いことでしょうか。私もまんまと騙された一人です。皆さんも宗教家を見たら、まず疑ってかかることが大切だと思います。本物は、ごくごく僅かしかいませんので……。

臨済の言葉

その他臨済の言葉をいくつか紹介しましょう。仏性については「一箇のきまった形がなく、しかもはっきりとして、他の力をかりずにそれ自身で輝いている」と言っています。

病気に関しては「求め心のやんだ無心無事の心境であったら、断じて不慮の病気などにかかることはない」と言っています。

修行者に対する注意として、「たやすく諸方の師家によって眉間に印可の悟ったという判を押されて『われこそは禅を悟った、道を悟った』などと言って、滝の水の落ちるようなおしゃべりをしてはならぬ。それは全て地獄行きの業《ごう》だ。もし本当の正しい修行者なら、世間のまちがった法を求めず、本当の正しい見解をこそ求めようと一心になるものだ」や、「わしはまあ、君たちが経や論を理解することを評価しはしない。また君たちが国王とか大臣であることを評価しはしない。また君たちが滝の水の落ちるように雄弁であることを評価しはしない。また君たちの賢い知恵をも評価しはしない。ただ君たちに本当の正しい見解を望むだけだ。修行者たちよ、たとえ百部の経や論を理解し得ても、一人の無事の（悟った）坊さんには及ばない。君たちはものがわかると、すぐに他人を軽蔑して勝ち負けを争う修羅となり、そこに自他対立の迷いが生じ、それが地獄行きの業を増長する」と言っています。

深い悟りを得た臨済ですが、悟りに至らぬ若い頃は苦しかったようです。「諸君、ぐずぐずして日を過ごしてはならぬ。わしもその昔、まだ悟りが開けなかった時は、ただ一面の暗闇であった。光陰を無駄に過ごしてはならぬと思い、腹はにえたぎり、心は忙《せわ》しく、じっとしておれずに、あたふたと走り回って、道を求めたものだ。ところが後に良き師のお陰をこうむって、初めて今日あることができ、こうして君たちと話をしているわけだ。修行者たちに勧める、衣食を目当てにしてはならぬ。見よ、この世は過ぎやすく、良い師家には会いがたい。それは優《う》曇華《どんげ》（クワ科イチジク属の落葉高木。花はイチジクに似た壺状花序を作る。果実は食用）が三千年に一度花開くように、難しいことなのだ」。やはり、正師を見つけることが一番大切なことのようです。

ここに、悟れなかった苦しい時代の臨済の様子が紹介されていますが、私たち修行者もまったく同じです。正しい方法で坐禅・内観・瞑想していても、自分がどの段階まで進歩しているのかわからず、またこの人生で、ゴール（悟り）まで行きつけるかどうかもわからず不安でいっぱいなのです。修行者とはいっても、この時代には収入もなければならず、かといって収入を得ることに重きを置けば、修行が徹底せず、そのジレンマで悩むことになります。臨済のように腹はにえたぎり、心は忙しく、時間だけがむなしく過ぎていきます。先が見えないということは、こんなにも苦しいものでしょうか。現代の聖者方が言っているように、修行者というものは、貧困と病気が付き物らしいそうです。修行を徹底したいので、現象の仕事が徹底せず貧乏になるのは当然ですが、神仏が私たち修行者を強くするためと、過去世からのカルマを解消し、浄化するために、病気をも与えるということがあるようです。私たち修行者は、これらのことを解決しながら、悟りを目指して忍耐強く頑張らなければいけないということでしょう。このように実践を体験してみると、同じ実践者であった臨済の苦悩も手に取るようにわかります。

また、現代の聖者方は「修行が急には進まない理由は、修行が急に進むと体や意識が追いついていかず、それらが壊れてしまうからです。例えば、百ボルトの許容量のものに二百ボルトの電流を流したとすると、その機械は壊れてしまいます。それと同じように、人間にも急にたくさんの霊的知識や波動が入ると壊れてしまうのです。徐々に人間の霊的進歩の段階に応じて、霊的知識や波動を取り入れれば、肉体までも上手く変性変容し、完成に向かうのです」というようなことを言っています。

また、修行者の多くが病気がちだということの原因の一つは、修行者の自律神経が、一般の人に比べて不安定だということによるようです。実践をする宗教学者の本山博は、多くの修行者を調査した結果、「修行者は一般の人々に比べて、自律神経が興奮している」というようなことを発表しています。普通は、修行していれば一般の人々よりも精神統一ができていて、自律神経が安定していると思うでしょう。ところが、反対の結果が出ているということは注目すべきことです。その結果に私たち修行者は納得できます。あの白隠《はくいん》禅師は、自律神経が多いに乱れ、病気が長引いたといわれています。インドの聖者シュリ・ユクテスワは、若い頃から中年に至るまで、毎日体調が悪かったそうで、師のラヒリ・マハサヤに出会ってから体調も治ったそうです。これらは自律神経の不安定が原因と思われます。これをいわゆる「禅病」というのだと思います。私が昔ついた師は「私たち修行者は、高次の真理世界に向かう努力をしています。これは車でいうとアクセルを踏んでいることになります。しかし私たちの肉体は、相対次元の現象にあり、現象に引っ張られています。これは車でいうとブレーキを踏んでいることになります。私たちはアクセルを踏みながら、ブレーキを踏んでいる訳です。これでは私たちの体は壊れてしまいます」と言っていましたが、それはまさにこの禅病のことを言っていた訳です。また別の師は、「修行者のこういう病気は、あるレベルを超えれば、不思議と治ってしまうものだ」と言っていました。

私の修行仲間の多くは、十年以上修行しても成果が出ず、修行をやめてしまいました。初めは師たちに「修行をすれば、苦しいことや嫌なことも全て解消し、不安、心配、恐怖などなくなります。良いことばかりが起き、家族も幸せになり、健康にも恵まれます」と言われ、その気になって一生懸命日々の坐禅・内観・瞑想に打ち込んでいました。あのインドの聖者パラマハンサ・ヨーガナンダでさえも、「修行すれば、良いことばかり起こると思っていたが、実際には、試練と苦悩ばかりが降りかかってきた」というようなことを言っています。

試練と苦悩を乗り越えて、真の悟りを得たならば、本当の幸せが待っている訳です。

「徳山の棒、臨済の喝《かつ》」といわれ、厳しい指導をした臨済ですが、それは臨済の個性であって、教えたるもの、まさに正統であり、今までに紹介した禅師方とまったく同じものです。

第十五章

洞《とう》山《ざん》良《りょう》价《かい》

『般若心経』

六祖慧能《えのう》大師のもとに、南嶽《なんがく》派と青原《せいげん》派が生まれ、青原派の祖、青原行思《ぎょうし》禅師の四代後が洞山良价（八〇七〜八六九）禅師です。洞山良价禅師は、その弟子曹山本寂《そうざんほんじゃく》（八四〇〜九〇一）禅師とともに、「曹洞宗」なる一派を確立しました。日本曹洞宗の道元《どうげん》禅師は、この流れです。

洞山は唐の八〇七年、越州に生まれました。洞山の生家は兪《ゆ》氏といい、諱《いみな》は良价です。生まれた家庭環境が良く、母が信心厚い人でした。幼くして村の寺で出家しましたが、この住職はまじめな人で、自分の能力では洞山を教育することはできないし、適当にごまかすこともできないと思っていました。二年程して、この住職は洞山に『般若心経』を念経《ねんぎょう》させることにしました。すると、洞山はすぐに『般若心経』の心髄に達してしまったので、住職はさらに別の経を念じさせようとしました。すると洞山が、「『心経』すらまだわかりませんのに、どうして別の経を念ずる必要がありましょうか」と言いました。住職が「お前のようなかしこい子が、いったい『心経』のどこがわからんのかね」と問いました。すると、洞山は自分の手で顔を撫でさすって「私には、ちゃんとこのように眼も耳も鼻も舌も身も意も有りますのに、心経には『無眼耳鼻舌身意』と書いてありますのはどういう訳か教えてください」と言いました。住職は何も答えられず、洞山が普通の子でないことに驚き、近くの五洩《ごせつ》山の霊黙《れいもく》禅師の所へ行き、洞山を引き取って面倒を見てくれるように頼みました。

ここに「私には、ちゃんとこのように眼も耳も鼻も舌も身も意も有りますのに、心経には『無眼耳鼻舌身意』と書いてありますのはどういう訳か教えてください」とあります。

これは、空《くう》の次元に入ると、眼耳鼻舌身意などの肉体や、私の心などというものがなくなり、真の本体だけの世界が現出するということです。私たちは深く坐禅・内観・瞑想して、この空の世界を体験しなければならないということです。

このように、仏教も宗教も五感を超えた空の世界に入ることを目指しています。仏教学部の教授たちも皆、「五感を超えたところに真理、涅槃《ねはん》の世界がある」と教えてくれました。私がついた師たちもそう言っていました。ところが、最近メディアなどに出ている宗教家たちが「五感を研ぎ澄まさなければならない」と反対のことを言っていました。五感の中にいては、いつまでたっても真理の世界はわかりません。

霊黙との出会い

この霊黙禅師（七四七〜八一八）という人は、いくつかの文献に出ている大禅師です。はじめ官吏であったのですが、馬祖道一《ばそどういつ》禅師に参じ、石頭希遷《せきとうきせん》禅師のもとで大悟《たいご》しました。

洞山は霊黙禅師のもとで三年を過ごし、二十一歳の時、嵩山《すうざん》で戒を授けられました。洞山は行脚《あんぎゃ》を申し出、霊黙禅師は南泉普願《なんせんふがん》禅師（七四八〜八三四）の所へ行くことを勧めました。洞山は、再び故郷の土は踏まない決意で旅立ちました。

南泉の道場で

南泉の道場では、折しも帰宗《きす》和尚の年忌《ねんい》にあたり、法要をしているところでした。帰宗和尚は馬祖の法を嗣《つ》ぎ、眼が赤かったので赤眼帰宗と呼ばれていました。この法要の場で、南泉が大衆に向かって「今日、帰宗和尚のためにお斎を差し上げたのだが、帰宗和尚は果たしてあの世から還って来られたかどうかな」と言いました。大衆は一人も何とも言えずにいました。すると、到着したばかりの洞山が、南泉の前に進み出て礼拝し、「もう一度おっしゃってみてください」と言いました。そこで、南泉が先の問を発すると、洞山はすかさず「伴あるを待って則ち来たる」と答えました。このお斎にお相伴できるような人間が、もしこの中にいたら還って来られるでしょうね、私がいる以上はお還りになっていらっしゃるでしょう、という意味なのでしょう。南泉は説法から下りてきて、洞山の背中を撫でながら「この若僧なら、きたえてやる値打ちがあるわい」と喜びました。すると洞山は「せっかくの立派なものを傷つけられちゃ困ります」という勢いでした。洞山の言いたかったことは、磨いて玉にするなどという南泉のお節介を受けなくたって、本来完全な玉である（完全な仏性《ぶっしょう》そのものである）ということでしょう。この問答のお陰で、洞山の名がいっぺんに天下に広まったようです。

ここに、帰宗和尚は「眼が赤かった」とあります。私がついた師たちのうちの何人かは、よく目を赤くしていました。私自身もそうでした。わかりやすく言うと、これは面会した人の持っている過去世からの業《ごう》（カルマ）、因縁を受けたということだと思います。現代の欧米の宗教家たちにもあるようで、欧米ではこれを「サイキック・スポンジ」と言っているようです。目が赤くなる場合もありますが、喉に受けて声がかすれたり、首や肩が痛くなったり、重くなったりする場合もあります。

無情説法

洞山は南泉のもとを去ると潙山に登り、潙山霊祐《いさんれいゆう》禅師（七七一〜八五三）の所へ行き「この頃、南陽慧忠《なんようえちゅう》国師（?〜七七五）がご生前、常々『無情説法』ということを申されていたと聞きましたが、そのことがまだ私にはよく理解できません」と言いました。すると、潙山が「わしにはわかっておるが、それを教える値打ちのある人間が見つからんのだ」と言いました。洞山が「どうか私に道《い》ってみてください」と言いました。すると、潙山は「父母にもらったこの口では道えないな」と言いました。

ここに「父母にもらったこの口では道えないな」とあります。これは「肉体次元のこの口では宇宙の真理は伝えられない。この真実は、あなた自身が坐禅・内観・瞑想して発見せよ」と言っているのだと思います。

当時、仏教界で盛んに話題にのぼったことの一つは、『涅槃経』の一節の「一切衆生悉《ことごと》く仏性を有す」の解釈でありました。仏性の存在を生き物（有情《うじょう》）に限るとする説と、草木や土石（無情）にも及ぶとする説に分かれて、かっこうの話題になっていました。南陽慧忠は後者の説を主張し、潙山も慧忠と同意見でした。本当に悟っている人なら、草木でも土石でも何でも仏性を有するとわかるはずです。この目で判断するのではなく、心眼で、光として、波動体（振動体）として見るのです。それで土石でも生きているとわかります。ですから前述の有情、無情の論争など必要ないはずです。論争はいつもきちんと実践修行していない側から出るものです。

洞山が、それでは誰か他の人をと頼むと、潙山は、湖南省にいる雲巌曇晟《うんがんどんじょう》（七八二～八四一）を紹介しました。草の根を分けて雲巌を探し当てた洞山は、いきさつを話します。

原文の現代語訳

……洞山は早速尋ねた。

「無情説法は、どのような人が聞くことができるのでしょうか」

雲巌は答えた。

「無情のものが聞くことができる」

洞山は尋ねた。

「和尚は聞くことができましたでしょうか」

雲巌は答えた。

「もしも衲《わし》がそれを聞くことができたならば、そなたは、この衲の説法が聞けぬであろう」

洞山は尋ねた。

「わたくしには、どうして聞くことができないのでしょうか」

雲巌は払子《ほっす》（長い獣毛を束ね、これに柄を付けた具。もとはインドで蚊や蝿を追うのに用いたが、のち法具となり、中国や日本では禅僧が煩悩、障害を払う標識として用いる）を立てて言った。

「ところでこれなら聞こえるか」

洞山は答えた。

「聞こえません」

雲巌は言った。

「そなたは、衲の説法さえ聞こえぬのに、なにを言うのか、無情説法など、とてもとても」

洞山は尋ねた。

「無情説法は、どんな教え（経典）を踏まえていましょうか」

雲巌は言った。

「『阿弥陀経』に、水鳥のさえずりや木梢《こずえ》のさやぎ、ありとあらゆるものが仏法を念じている、とあるのを見たことがないのかな」

洞山は、ここではっと気がついた。そこで次の偈《げ》を述べた。

「やれ不思議、やれ不思議。無情説法は思慮を超えている。耳で聞こうとするならば、ついに分かりは致すまい、眼で聞く時にはじめて分かるのだ」


ここに「無情説法は、どのような人が聞くことができるでしょうか」とあります。これは、草木や土石の説法、つまり草木や土石が生きているということを、どんな人がわかるのでしょうかということです。

ここに「もしも衲がそれを聞くことができたならば、そなたは、この衲の説法が聞けぬであろう」とあります。

これは、雲巌が草木や土石の説法を聞くことができたならば、雲巌は悟っているということであり、まだ悟っていない洞山は、悟っている雲巌の説法を聞いても、真には理解できないであろうということを言っているのだと思います。相対次元にいる洞山は、悟りの絶対次元にいる雲巌の説法を理解できないということです。

悟っていない私たちは、悟っている聖者が説法してくれても、その真の意味を理解することはできません。立ち位置、土俵が違うからです。聖者は、振動数の高い高次元の世界にいます。悟っていない私たちは、振動数の低い相対という低次元の世界にいます。これだけでもお互い波長が合わない上に、聖者は、宇宙の真理を無理に相対世界の言葉で表現しようとするので、真理が伝わりません。相対世界の言葉ではどんなに手を尽くしても、真理をピタリと言い表す言葉は見当たりません。ですから聖者は、自分で体験して把握しろと言うのです。

ここに「眼で聞く時にはじめて分かる」とあります。

これは心眼、第三の眼、つまりここでは、心の耳で聞く時に初めてわかるということだと思います。体験してみればわかりますが、心眼で、真実の声も音も光も波動も香りも感じ取ることができます。坐禅・内観・瞑想を少しまじめに行ってみれば、誰でもそれを体験することができるはずです。

ここでは、相対の現象次元にいるならば宇宙の真理はわからず、高次の世界にいる時に初めて、宇宙の真理がわかるということを言っています。

ただこれ是れ

洞山は雲巌禅師のもとを去ることになりました。

原文の現代語訳

雲巌が問う。

「どこへ行くつもりじゃ」

洞山が答える。

「どこへ行くか当てもありません」

雲巌が問う。

「ここ湖南の地から出てゆくまいな」

洞山が答える。

「はい、出てゆきません」

雲巌が問う。

「郷里の方へは帰らんだろうな」

洞山が答える。

「はい」

雲巌が問う。

「いつごろ帰ってこられるか」

洞山が答える。

「和尚様の応無所住而生其心《おうむしょじゅうにしょうごしん》（悟り）の在り処《か》と一如となることができましたならば（自分も悟れたら）、即刻、戻って参ります」

雲巌が言う。

「いったん別れてしまえば、お互いに顔が見られなくなるのお」

洞山が言う。

「そんなことはございません。和尚様とは一日中お会いさせて頂いているようなものでございます」

洞山は出かけるに際し、再び雲巌禅師にお尋ねする。

「和尚様、百年後だしぬけに誰かが来て、和尚様の真のおすがたは、どのようであったかと尋ねる者がおりましたならば、どのように謹んでお答えしたものでございましょうか」

雲巌が言う。

「ただ問者に向かって、ただこれ是れと答えてあげなされ」

洞山は、要領を得ないので、ややしばらく考え込む。

すると、雲巌は言う。

「洞山和尚よ、この事、つまりこれ是れということを合点《がてん》するには、大いにつまびらかに実参実究しなければなりませんぞ」

のちに洞山は諸方遊歴の途次、川を渡りながら水に映った自分の影を見て、それが機縁で、前に雲巌和尚が、ただ「只這是《ただこれこれ》」とだけで、具体的に説破して下さらなかったことの真義を大いに悟ることができた。そこで偈を詠んだ。

「修行者は、師の説破を求めるという安易な方法は切に避けるべきである。真実を遠く他に求めることは、自己の真実にそむくことになる。私は今、たった一人で自ら進んであちこちに往く。そうしていたる処で師雲巌の真実に出会うことができた。したがって師の真実は正しくこの私の中にある(師即我といえよう)。だが、水に映った私の姿は、私であって、師ではない。まさしく、このように会得してこそ、はじめて師の『只這是と答えよ』と言われた意味の真実にぴたりと契《かな》うことになる」

ここで「只這是」というのは、どういうものでしょうか。以前、私が初めて見性《けんしょう》体験した時のことです。私は「自分がなくなり、全てが一つで、自分もその一つの中に溶け込んでいて、一つの大きな波動のみ」と体感しました。その時、私と向かい合って坐禅していた当時の師が「これですよ、これ。わかりましたね」と微笑んでくれました。「只這是」は言葉ではなく、言葉では表せない実相体験です。だからこそ師の説破を求めるのではなく、真実を遠く他に求めるのではなく、自己の内に真実を求めるのです。

前述の「水鳥のさえずりや木梢のさやぎ、ありとあらゆるものが仏法を念じている」や「眼で聞く時にはじめて分かる」ということも、実相（一相・見性）体験して初めてわかることだと思います。

『宝鏡三昧《ほうきょうざんまい》』

洞山には、曹洞宗でよく詠む経『宝鏡三昧』がありますが、ここに紹介してみます。

原文の現代語訳

あるがままにしてけがれなき宇宙の仏性は、さとりを実現された方々《かたがた》が本性にそむかなかったからこそ付嘱《ふしょく》（言いつけて頼むこと。渡し伝えること）されて来られた。あなたも今、その本性のさとりに恵まれているのだから、よくよく心してまもり維持してゆくがよい。……この悟りの意《こころ》は言葉をこえているから、求めて来る人は全身全霊でさとりの世界へ信《まか》せてしまわねばならない。……仏性が活《い》きていなければ、あなたはない。あなたがあるべきように活きていなければ仏性は活きてこない。……仏性という天与《てんよ》の本性は命にそなわる不思議であって、人間の迷悟や意識以前の世界である。……清浄《しょうじょう》なる仏性の働きは、細かくは隙間《すきま》のない極微《ごくび》をもあらしめ、大きくは空間をこえて働いている。しかし、わずか毫ほどでもけがれた意識で仏性に差《た》がえば、仏性とあなたの間の音律の調和は狂ってしまう。……無心の清浄仏性に信せた時、真のいのちが活動する。……迷っている人の意識でとらえようとするのはまちがいである。むしろ、人間的思慮分別を放棄してみるがよい。仏性は自然に働き出してくるであろう。……清浄なる仏性の呼びかけに信せて、あるべきように生きる仏の道は、さとりくささを忘れた行動に、清浄無我は親密《したし》く用《はた》らき出して、バカになり角《かど》がすっかりなくなって、ただひたすら仏の清浄無我を継承持続することこそ、仏性というかけがえのないいのちを、もっとも主体的に生きるいき方である。

ここに「人間的思慮分別を放棄してみるがよい」とあります。

禅師たちも他の宗教の聖者方も「人間は元々創造主の分霊なので悟っている」と言います。それにもかかわらず、その悟りが顕現してこないのは、私たちが人間的思慮分別にとらわれているからなのです。私も今までの師たちによく「人間的考え方を捨てよ。もっともっとバカになれ」「今考えていること、楽しいこと、苦しいこと、辛いこと、嫌なことなど、全てを棚上げせよ」などと言われました。

インドの聖者ラーマ・クリシュナは「『バガバットギーター』は、全てを放棄することを教えている」と言っていました。放棄したところに何が残るかといえば、仏性、神性が残るのです。

私たちの日常をよくよく振り返ってみれば、私たちは朝から晩まで思慮し、良い悪い、儲かるか儲からないか、敵か味方か……など分別ばかりです。それが人間の特性なのです。ですから私たちは、人間を卒業しなければならないといわれるのです。宗教というものは、結局、このことを言っているのだと思います。

生き返った洞山

洞山は八六九年三月一日、六三歳で坐禅したまま亡くなりました。しかし、弟子たちが嘆き悲しんだので、洞山は再び生き返り、「いったん出家した者ならば、心が物についてまわるようなことがないのが真の修行というものだ。生に労《つか》れて死に息《やす》らうことがどうして悲しみでありえようか」と告げると、斎《とき》を設けて門人と七日間食事をともにし、食事の終わるたびに「およそ僧というものは、死に旅立つ際にこのように喧動《けんどう》するものじゃない」と諭《さと》しました。

ここに「洞山は再び生き返り」とあります。

イエス様が死後、生き返ったことは有名です。達磨《だるま》も死後生き返り、西の方へ向かったそうです。ここでは洞山も生き返り、一週間弟子たちと過ごし、説法をしています。真に悟った聖者は、生きることも死ぬことも自由自在で、生死を超越しています。現代の聖者方の中にも生き返る人は少なからずいるようです。

また、歴史上だいぶ昔に亡くなったお釈迦様やイエス様が、この現代にも多くの修行者たちの前に幻ではなく、生きている姿で現れている事実も不思議であり、興味深いことです。

そして、洞山は三月八日沐浴し終わると、端坐長往しました。嗣法《しほう》の門下は、雲居道膺《うんごどうよう》（八三五？～九〇二）、曹山本寂（八四〇～九〇一）など二十六人を数えます。

おわりに

皆さん、一読してみて感想はいかがでしょうか。

禅師たちの主張する思想は似ていると思いませんか。どんな人でも真理を突き詰めていけば、同じ結果を受け取るのだと思います。

それでは最後に、私が大切だと思うポイントを述べておきます。

一、初心者が、坐禅・内観・瞑想を始める時は、内在する仏（神）、創造主、神仏などに心を全てお預けし、委《ゆだ》ね、全託してください。そうすると、私たちの心に巣食う不安、心配、恐怖などが一掃されて、無心、無我になれます。ゆったり落ち着いて、全てを捨て去り、自己を解放しながら、無心、無我に徹します。また、心臓のあたり（ハートセンター）や眉間、あるいは内在する仏に集中する方法でもよいのです。どちらでも結果は同じになります。坐禅・内観・瞑想中に光を見たり、神仏を見たり、恐怖の状況などを見ても、それらに執着せず、より深く坐禅・内観・瞑想を進めて行きます。

二、どんな人でも、真剣に坐禅・内観・瞑想すれば、いつか必ず「私は創造主の分霊であった、父なる神の分霊であった、仏（神）そのものだった、仏性《ぶっしょう》そのものだった、宇宙そのものだった、本源の光だった……」とわかり、魂が救われたと実感できます。これが自分を本当に知るということなのです。このことは、どんな人でも体験できます。これを「見性《けんしょう》」体験といいます。

三、二にある「見性」体験をすると、「私と私以外の全てのものは、全て一つ」ということもわかります。そうすると、自他の対立がなくなり、「私とあなた」ではなく「あなたである私」という見方になります。これを全ての人々が体験すれば、地球上に争いや戦争がなくなり、地球はユートピアとなるでしょう。

四、あなたが見性すれば、「全ては一つ」なので、あなたの光や波動や霊的影響力は、地球上の全てに及ぶことになるのです。これは最高の利他行になります。このように「見性」体験は、自利行と利他行を同時に行うものであり、仏教が標榜《ひょうぼう》する自利利他同時行の代表的一例なのです。

五、この人生で、生身の良き指導者、先達がいるに越したことはありませんが、まだ見つからない場合でも、心配する必要はありません。あなたに内在する仏（神）の導きがありますし、高次元の霊界の師も現れ（目に見えても、見えなくても）、指導してくれます。それを信じて諦めずに修行しましょう。

六、仏教にもその他の宗教にも、大切な行がたくさんありますが、その中で私たちの魂が著しく進化する代表的な一つの行は、「身・口・意の三行」です。他人の身体を害したり、傷つけたりしない（身行）、他人を批判したり、他人の悪口を言わない（口行）、他人を悪く思わない（意行）です。ぜひ、この行を実行してみてください。

七、山の頂上へ至る道はいくつもあるように、真理、涅槃《ねはん》、悟りに至る道もたくさんあります。禅の道を歩んでもよいし、キリスト教の道でもよいし、ヒンズー教の道でもよいし、その他の道を歩んでもよいのです。ここで紹介した禅の道は、一切の方便を使わず、一切の計らいを捨て、ただひとえに無心、無我になる努力をするだけで、頂上に行き着くという、実にシンプルな道です。無心、無我をきわめれば、そこは悟りの世界だということです。

以上の七つのポイントや、この本の中で禅師たちが言っているその他の大切なことを参考にしながら、皆さんが禅を実践してくださることを期待して、終わりにしたいと思います。

あとがき

この本をお読みくださいました方々に心より感謝いたします。

この本は、古い時代の中国の禅の高僧たちが、人々を悟りに導くために説法した記録と、私自身の約三十五年間の坐禅・内観・瞑想の体験をもとに、それらを解説したものです。

この本をお読みになり、実際に坐禅・内観・瞑想される皆さんが、少しでも多くなることを願っています。そして皆さん各人が、精神性、霊性を少しでも高めることができ、また心の救いを得られるならば幸いです。

また、二〇一〇年に同社から出版された『心の旅―ある求道者の完成への道』原田健児著（私のペンネーム）も併せて読んで頂ければ、禅、仏教、精神世界のことが、より一層おわかりになるのではないかと思います。

この本の完成過程全てにわたり、あらゆる面で心からの協力をしてくれた、最愛の妻に深い感謝の意を表します。彼女なくしては、この本の完成はなかったことでしょう。またいつも私を激励し続けてくれた、敬愛する亡き父、敬愛する母にも心より感謝します。

最後に、この本を出すにあたって多くのご助言をいただいたナチュラルスピリット社社長・

今井博央希氏、編集・校正してくださった澤田美希氏、ナチュラルスピリット社編集部の脇田みどり氏、及び編集部の皆様、そして、この本に携わってくださった全ての皆様に感謝の意を表します。

二〇一三年四月

猪崎直道

猪崎直道 Naomichi Izaki

1951年宮崎県生まれ、茨城県育ち。

駒澤大学大学院博士後期課程（仏教学）修了。元駒澤大学仏教経済研究所研究員。元寺院住職。著書：原田健児のペンネームで『心の旅―ある求道者の完成への道』ナチュラルスピリット社。

子どもの頃からお釈迦様の伝記を読み、聖なる世界に憧れる。高校時代から、あの世の者を見るようになり、その謎を知りたいと思うようになる。二十五歳の時から坐禅・内観・瞑想修行を始める。その後「日本で五指に入る禅の高僧・最後の禅僧」や「日本で一番坐禅のできる禅僧」など九人の師につく。その間、坐禅中に一相（見性）体験をしたり、霊界の聖者たちに出会う。現在も悟りを目指し修行中。

ピュア禅

悟りについてよくわかる中国禅僧列伝

●

2013年6月30日　初版発行

著者／猪崎直道
装幀／中村吉則
編集／澤田美希

発行者／今井博央希
発行所／株式会社ナチュラルスピリット
〒151-0051 東京都渋谷区千駄ヶ谷3-12-1 パレロワイヤル原宿501
TEL 03-3470-3538　FAX 03-3470-3578
E-mail info@naturalspirit.co.jp
ホームページ http://www.naturalspirit.co.jp/
印刷所／昭栄印刷株式会社

ISBN978-4-86451-083-7 C0010